파워 히스토리 시리즈 1

His+Story=History

교사용 지침서 다운받는 곳

=〉 한글도메인 "파워스톰"/ www.powerstorm.org

파워 히스토리 (Power History) 그분의 이야기

역사(History)란 무엇입니까?

역사를 말할 때 하나님을 빼놓을 수 없습니다. 왜냐하면 하나님이 역사의 주인공이시기 때문입니다. 그런 의미에서 역사, History는 His Story "그분의 이야기"입니다.

역사는 하나님의 이야기, 곧 하나님의 다스리심이 나타나는 곳입니다. 그러므로 역사를 깊이 연구할수록 우리는 하나님의 계획과 섭리를 어렴풋이라도 알 수 있는 것입니다.

이같은 하나님의 이야기가 진하게 나타나는 장소가 바로 성경입니다. 매우 구체적으로 하나님이 이스라엘이라는 한 민족을 통하여 일하셨기 때문입니다. 물론 하나님이 단순히 이스라엘이 생각한 것처럼 이스라엘만을 위해서 존재하는 분은 아니셨습니다. 이스라엘은 "제사장 나라" 곧 세상과 하나님 사이에서 일할 도구로 부름받았던 것입니다. 이스라엘의 처음 조상 아브라함을 부르실 때 하신 말씀을 보면 매우 정확하게 알 수 있습니다.

"내가 너로 큰 민족을 이루고 네게 복을 주어 네 이름을 창대케 하리니 너는 복의 근원이 될찌라… 땅의 모든 족속이 너를 인하여 복을 얻을 것이니라 하신지라"(창 12:2-3)

하지만 이스라엘은 하나님의 뜻을 따라 살지 못합니다. 우리는 구약성경을 읽으면서 하나님의 애타는 마음을 발견해야 할 것입니다. 하나님의 뜻은 분명합니다. 지금도 하나님은 사람을 찾으시고 그를 통하여 일하고자 하십니다. 이스라엘을 부르신 것처럼 우리를 부르십니다.

파워 히스토리 교재는 역사 속에 행하셨던 하나님의 일하심과 사람들이 범한 잘못들을 공부하면서 반성하고 자신은 놀라운 하나님의 사람으로 살고자 다짐하는 청소년들을 돕고자 쓰여졌습니다. 뜨거운 마음을 가지고 말입니다.

파워 히스토리 시리즈와 자매 교재들

청소년을 위한 성경공부 교재인 "파워 히스토리 시리즈"는 역사의 핵심인 구약성경을 공부함으로 하나님이 일하셨던 현장을 살피고 이해함으로 성서적 역사관을 세우고자 하는 데 초점을 맞추었습니다.

원래 파워 히스토리 시리즈는 파워스톰 시리즈란 이름으로 시작했었지만 시리즈를 더 나누어서 세 개의 시리즈로 재구성하였습니다.

* 파워스톰 시리즈(총 4권) : 정체성과 비전

❶ 후 엠 아이?
❷ 사용 설명서
❸ 문화.com
❹ 꿈

* 파워 지저스 시리즈(총 4권) : 신약과 예수님

❶ 예수를 만난 사람들
❷ 예수를 찾아서
❸ 예수코드
❹ 파워 크리스천

* 파워 히스토리 시리즈(총 4권) : 구약과 하나님

❶ His+Story
❷ 킹덤 오브 헤븐
❸ 인간 왕국사
❹ 예언과 환타지

책의 구조

파워 히스토리 시리즈 : 구약과 하나님

파워 히스토리 시리즈의 핵심은 역사의 주인공이 하나님이라는 사실을 강조하는 것입니다. 특히 구약에 나타난 하나님의 일하심과 마음을 살피고 깨닫는 데 그 중심을 두었습니다.

❶ His + Story

– 창세기 창조와 타락의 본질과 하나님의 구원역사의 시작이 왜 그렇게 집요하게 진행되었는지를 설명하고 그 하나님의 도구들인 아브라함과 이스라엘의 역사를 살핍니다.

❷ 킹덤 오브 헤븐

– 약속의 백성을 부르신 출애굽 사건과 왕국을 세울 때까지의 역사를 통해 신실치 못한 이스라엘과 언제나 신실하신 하나님의 인도하심에 관심을 갖고 살핍니다.

❸ 인간 왕국사

– 아름다운 왕 다윗과 지혜로운 왕 솔로몬의 이야기를 통하여 진정한 지혜가 무엇인지를 살핍니다. 하지만 하나님의 지혜로 세워지지 않고 인간의 지혜로 세워진 왕국의 종말이 어떠한지를 주의깊게 바라볼 것입니다.

❹ 예언과 환타지

– 인간의 역사 속에 하나님은 선지자들을 통하여 계속 말씀하셨습니다.
그럼에도 멸망하는 인간 왕국과 하나님 앞에 선 선지자들의 모습을 통하여 하나님 앞에 바르게 서는 것이 무엇인지를 제시합니다.

각 과의 구조

Ready (준비) : 문제를 제기하고 주제로 들어가기 위한 준비를 시킵니다.

Know (알기) : 과의 중심적인 부분으로 말씀을 통해 주제를 조명해 나갑니다. 크게 셋으로 나누어져 진행됩니다.

- open 마음열고 생각하기 — 주제로 들어가기 위한 문의 역할을 합니다.
- Dig 말씀으로 살펴보기 — 주제를 말씀으로 살피고 해석하는 단계입니다.
- Reflect 내 삶에 적용하기 — 해석된 말씀을 자신의 삶에 적용하는 도움을 줍니다.

Do it (실천) : 적용된 말씀을 삶 속에서 살도록 돕는 구체적인 방향을 제시합니다.

Contents

STUDY

공부를 시작하면서 나의 각오

1 위대하고 특별한 존재

사람과 짐승을 구분하는 기준은 무엇인가?

READY

꿀병이라고 부르는 이유

Q1. 각 병들이 꿀병, 간장병, 참기름병이라고 이름 붙여진 이유는 무엇일까요?

Q2. 꿀병에 더 이상 꿀이 담겨 있지 않다고 가정해 봅시다. 그때에도 이 병을 꿀병이라고 부르겠습니까?

KNOW

위대하고 특별한 존재

open 마음열고 생각하기

하나님이 천지를 창조하시기 전 이 세상의 모습을 성경은 이렇게 기록하고 있습니다.

"땅이 혼돈하고 공허하며 흑암이 깊음 위에 있고 하나님의 신은 수면에 운행하시니라"(새번역 / 창 1:2)

Q1. 창조 전 세상을 묘사하는 단어들을 위의 말씀에서 찾아 적어 보십시오.

하나님의 창조는 아무것도 없는 세상에서 이루어졌습니다. 곧 **무(無)**에서 **유(有)**를 창조한 것입니다. 그렇다고 해서 하나님이 질서나 원칙 없이 창조한 것은 아닙니다.

Q2. 첫째 날부터 여섯째 날까지 창조한 내용을 적어 보십시오.(창 1:3-31)

첫째날-셋째날	넷째날-여섯째날
1	4
2	5
3	6

Dig 말씀으로 살펴보기

Q3. 하나님의 창조는 질서 속에서 이루어졌습니다. 첫째-셋째 날은 창조를 위한 그릇을 만드는 작업이었고 넷째-여섯째 날은 그릇 속에 내용물을 넣는 작업이었습니다. 위의 표를 자세히 비교하며 살펴보십시오.

하나님이 만드신 피조물들 중에서 사람은 가장 아름다운 존재입니다.
숨을 쉬고 살아 있다는 점에서는 다른 동물과 유사해 보이지만
분명히 사람은 동물들과 질적으로 다른 존재입니다.

Q4. 지금까지 하나님의 창조 방법을 잘 관찰한 친구들은 쉽게 알 수 있을 것입니다. 그것은 우리 안의 내용물이 우리를 결정한다는 점입니다. 우리 안에는 분명히 동물들과 구별되는 다른 내용물이 있습니다. 하나님이 우리 안에 불어넣은 다른 것은 무엇입니까?(창 2:7)

Q5. 우리가 살핀 창세기 2장의 기록은 창세기 1장을 더 자세하게 설명한 내용입니다.
그렇다면 창세기 1장에서는 우리가 동물들과 다른 점을 어떻게 설명하고 있습니까?(창 1:27)

우리는 특별한 존재입니다. 특별하게 지음받은 존재입니다. 얼마나 특별한 존재입니까?
사실 다윗도 늘 궁금해하던 내용이었지만 그는 깨닫고 이렇게 고백하였습니다.

> **"사람이 무엇이기에 주께서 이렇게까지 생각하여 주시며,
> 사람의 아들이 무엇이기에 주께서 이렇게까지 돌보아 주십니까?
> 주께서는 사람을 하나님보다 조금 못하게 지으시고,
> 그에게 영광과 존귀와 왕관을 씌워 주셨습니다"** (새번역 / 시 8:4-5)

Q6. 우리는 얼마나 놀라운 존재로 창조된 것입니까? 누구보다 조금 못한 존재입니까?
위의 말씀을 찬찬히 읽고 답해 보십시오.

Reflect 내 삶에 적용하기

Q7. 우리가 이토록 '아름답고 놀라운 존재로 지음받았다' 라고 성경은 말합니다. 그렇다면 내가
느끼는 나는 어떻습니까? 정말로 놀라운 존재입니까? 아니면 그저 그런 존재입니까?

DO iT

나는 얼마나 대단한 존재인가?

Q1. 분명 우리는 놀라운 존재로 창조되었습니다. 그런데 그저 그런 존재로 느껴진다면 그 이유는 무엇입니까? 아래 글을 읽은 후에 한 주일 동안 생각해 보십시오.

성인의 몸을 이루는 뼈는 206개, 근육 5~600개, 관절은 100개 이상이다.
혈관의 길이는 10만km가 넘어 지구를 거의 세 바퀴 도는 거리다.
콩팥을 구성하는 네프론을 길게 펼쳐 혈액에서 오줌이 만들어지도록
여행하는 길을 더하면 시속 80km로 광주에서 순천까지 가는 거리이다.
입에서부터 항문까지 거리는 8.5km나 된다.

뇌는 1,000억 개의 신경세포와 100조 개의 신경 연접부를 갖고 있다.
신경의 연결망은 우리의 상상을 초월하는 것이다.
그리고 하루에도 이런저런 생각에 1,000만 개의 뇌세포가 활동한다.

인체에서 가장 큰 기관인 피부의 넓이는 1.5~2㎡인데
끊임없이 갈아입어 4~5주마다 새 피부로 바뀐다.
한 사람이 평생 1,000번 가까이 새로이 가죽옷을 지어 입고
버린 피부의 무게는 40~50kg이다.
1㎠의 피부에는 300만 개의 세포와 10여 개의 신경 조직, 100개의 땀구멍,
10~20개의 피지선, 10개의 털, 30개의 열감지기와 2개의 냉감지기가 있다.
성인의 머리카락 숫자는 10만 개, 수염은 3만 개, 잔털은 30만 개,
하루 호흡 수는 2만 번 정도로 들숨과 날숨 공기량은 8,000ℓ다.
혈액은 1분에 한 바퀴 몸을 돈다.

자동차를 만드는 데에 13,000개의 부품이, 747제트 여객기를 만드는 데에 3,000,000개의 부속품이, 우주왕복선을 만드는 데에는 5,000,000개의 부속품이 필요하지만 우리 인간의 몸에는 100조 개의 세포 조직이 있고, 25조 개의 적혈구와 250억 개의 백혈구가 있다.

* 주일 예배 말씀 *

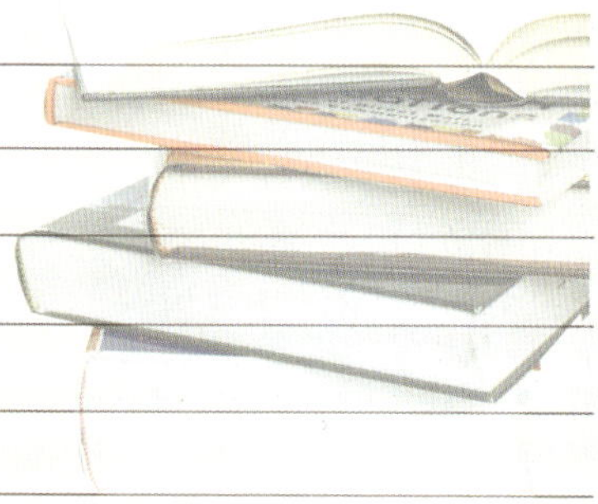

1과 Quiz

Q1. 나는 누구보다 조금 못한 존재입니까?

Q2. 나는 나를 어떻게 생각하고 있습니까?

STUDY

2 5만 원짜리 인간

쓰레기가 된 이유 READY

Q1. 아무리 귀한 꿀을 담은 병이라도 깨지면 쓰레기에 불과합니다.
왜 그렇습니까?

KNOW 5만 원짜리 인간

open 마음열고 생각하기

우리 인간이 오해하고 있는 것이 있습니다. 우리가 대단한 존재라고 생각하는 것입니다. 하지만 원자재 측면에서 본다면 우리는 값어치가 별로 없는 존재입니다. 어떤 조사에 의하면 인간 몸무게의 60% 이상을 차지하는 물을 뺀 나머지 성분은 탄소 50%, 산소 20%, 수소 10%, 질소 8.5%, 칼슘 4%, 인 2.5%, 칼륨 1%이며 그 밖에 미량의 황, 나트륨, 염소, 마그네슘, 철, 망간, 옥소, 불소, 규소 등이라고 합니다. 이 같은 것들은 사람이 죽었을 때 결국 한 줌의 흙으로 돌아갑니다.

이런 인간의 몸값을 이야기할 때 몸무게 70kg의 성인 남성을 기준으로 사람의 지방을 짜내면 7개의 비누를 만들 수 있는 분량이 나오고, 사람의 뼈에 있는 탄소를 추출하면 9,000자루의 연필을 만들 수 있으며, 6cm 정도의 보통 못 한 개를 만들 수 있는 철과 성냥개비 머리 2,200개를 만들 수 있는 인이 나온다는 결과가 있습니다. 이것들을 돈으로 환산하면 우리나라 돈으로 5만 원 정도에 불과합니다.

Q1. 당신은 얼마짜리입니까?

Dig 말씀으로 살펴보기

1과에서 배운 것처럼 우리는 대단한 존재로 지음받았습니다. 그런데 화학적으로만 따져 보면 우리는 5만 원짜리에 불과합니다. 이 같은 우리 안에 하나님이 영으로 거하시므로 우리는 위대한 존재가 되는 것입니다.

"그 때, 여호와 하나님께서 땅의 흙으로 사람을 지으셨습니다.
그리고 사람의 코에 생명의 숨을 불어 넣으시니,
사람이 생명체가 되었습니다"(쉬운성경 / 창 2:7)

Q2. 우리가 위대한 것은 우리 안에 하나님의 영이 계시기 때문입니다.
그렇다면 하나님의 자녀로 위대한 존재인 우리가 아무것도 아닌 존재, 오만 원짜리에 불과한 존재가 되는 순간은 언제입니까?

먼저 창세기 3장 1-13절을 함께 읽어보십시오.

본문에는 우리가 보잘것없는 존재가 되었던 이야기가 매우 상징적으로 기록되어 있습니다.

사실 하나님이 세우신 아담과 하와를 향한 계획은

하나님이 지으신 세상에서 놀랍고 풍성한 삶을 누리는 것이었습니다.

이러한 계획은 하나님이 하신 말씀 속에서 쉽게 찾을 수 있습니다.

Q3. 현재는 존재하지 않는 두 나무가 에덴 동산 한가운데 있었습니다. 하나님은 선악과 나무의 열매는 먹지 못하게 했지만 다른 한 나무의 실과는 먹을 수 있게 하였습니다.(창 2:9, 16-17)
그 나무는 무슨 나무였습니까?

Q4. 이 나무의 열매를 먹을 수 있었다는 것은 무엇을 의미하는 것입니까?

하지만 아담과 하와는 그 나무의 열매를 따 먹은 것이 아니라

선악을 알게 하는 나무의 열매를 따 먹었습니다. 영원히 살 수 있는 열매는 먹지 않았습니다.

즉 그들은 영생(The eternal life)보다 더 얻고 싶은 것이 있었던 것입니다.

나중에 이 사실을 깨달은 아담과 하와가

이 나무의 열매를 따 먹지 못하게 두루 도는 화염검으로 지키십니다.(창 3:22-24)

Q5. 그렇다면 아담과 하와가 선악과를 따 먹은 이유는 무엇입니까? 뱀이 하와에게 속삭이는 말을 주의해서 읽으면 그 이유를 알 수 있을 것입니다.(창 3:4-5)

우리는 여기서 매우 중요한 사실을 알게 됩니다. "하나님과 같이 되고 싶어하는 것은 죄"라는 사실입니다. 다른 말로 바꾸면 하나님 없이 스스로 살고자 하는 것입니다. 성경은 그것이 죄라고 말합니다. 그리고 그때 죽음이 찾아온 것입니다. 죽음이 왔다! 그것은 우리가 아무것도 아닌 쓰레기 같은 존재임을 뜻하는 것입니다.

Q6. 그렇다면 왜 하나님 없이 자기 마음대로 살고자 하는 것이 죄, 곧 죽음이 되는 것입니까?

Reflect 내 삶에 적용하기

Q7. 왼쪽 그림의 꽃은 살아 있는 꽃입니까? 죽은 꽃입니까?

Q8. 한 마디로 말해서 하나님 없이 우리는 아무것도 아닌 존재라는 뜻입니다. 어떻게 생각하십니까?

예수님짜리

우리는 모두 오만 원짜리에 불과하였습니다. 우리는 별로 중요한 존재가 아니었습니다.
그런데 하나님이 독생자 예수 그리스도를 보내셔서 우리를 대신하여 죄를 짊어지시고 죽게 하셨습니다.
예수 그리스도께서 우리를 위하여 죽으신 것입니다. 오만 원짜리 인간인 우리를 위해서 말입니다.

그때부터 우리는 값비싼 존재가 된 것입니다.

Q1. 그렇다면 우리가 세상과도 바꿀 수 없을만큼 값진 존재, 멸망하지 않는 영원한 존재가 되는 순간은 언제입니까? 요한복음 3장 16절을 찾아 적어 보십시오.

Q2. 예수님을 믿을 때 우리는 어떤 존재가 되는 것입니까? 요한복음 1장 12절을 찾아 적어 보십시오.

* 주일 예배 말씀 *

2과 Quiz

Q1. 나는 얼마짜리였습니까?

Q2. 예수님을 믿는 순간 나는 얼마짜리로 변한 것입니까?

3 죄의 역사

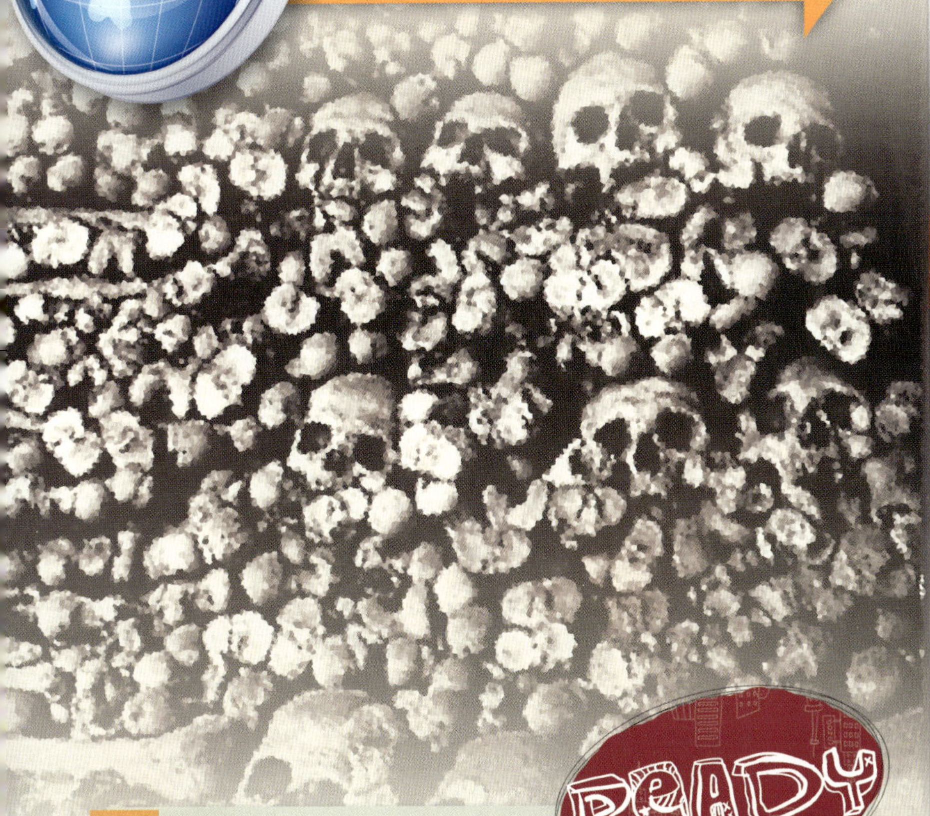

참혹한 전쟁

READY

Q1. 위의 사진은 캄보디아 킬링필드의 한 장면입니다.
이같이 참혹한 전쟁을 일으킨 존재는 누구입니까?

KNOW

죄의 역사

open

마음열고
생각하기

하나님이 지으신 아담과 하와 사이에서 큰 아들 가인과 작은 아들 아벨이 태어났습니다. 아벨은 양을 치는 목동이었고 가인은 농부였습니다. 어느 날 둘 다 하나님께 제물을 드렸는데 하나님은 가인의 제사를 받으시지 않았습니다.

Q1. 하나님은 왜 가인의 예배를 받으시지 않으셨습니까?(창 4:7; 요일 3:12)

가인은 하나님께서 자신의 예물을 받으시지 않은 이유를 동생 아벨에게서 찾습니다.
그래서 가인은 아벨이 홀로 들에 있을 때 그를 죽입니다. 참 안타까운 일입니다.

Q2. 하나님이 가인의 예배는 받지 않으시고 아벨의 예배를 받으신 이유는 무엇입니까?(히 11:4)

Q3. 그렇다면 가인이 오해한 것은 무엇입니까?

Dig 말씀으로 살펴보기

인간이 죄를 범하기 시작한 이유는

하나님도 이웃도 생각하지 않고 오로지 자신만 생각했기 때문입니다.

*** **sin** n.

1 (종교상 · 도덕상의) 죄, 죄악(⇒ crime) commit a sin 죄악을 범하다

2 잘못;과실, 위반(offense) 《against》

3 《구어 · 익살》 벌받을 일, 어리석은 일

*** **crime** 〔L 「판결」의 뜻에서〕 n.

1 (법률상의) 죄, 범죄 commit a serious crime 중죄를 범하다

2 《일반적으로》 죄악, 반도덕적 행위(sin);범죄 행위[활동]

3 [보통 a ~] 《구어》 유감스런[분한] 일;부끄러운[한심스러운, 어리석은] 짓[일]

영어의 표현 중에 죄를 뜻하는 단어는 크게 두 가지가 있는데 SIN 과 CRIME 입니다.

그런데 두 단어의 공통된 특징은 그 가운데 "I(나)"가 있다는 것입니다.

즉 죄란 나를 중심으로 생각하고 사는 것을 뜻합니다.

Q4. 가인의 족속 중 라멕은 가인보다 훨씬 더 잔인하였습니다. 라멕 역시 살인을 행했습니다. 그것도 소년들을 죽였습니다. 라멕이 살인을 저지른 이유는 무엇입니까?(창 4:23)

세상은 날이 갈수록 선해지고 평온해지는 것이 아니라 더욱더 죄악으로 가득차게 되었습니다.

그리고 죄의 결과로서 죽음은 매우 일반적인 것이 되고 말았습니다.

Q5. 창세기 5장에 아담의 족보가 나오는데, "죽었더라"라는 표현이 몇 번이나 나오는지 세어 보십시오.

인간들이 죄를 범하는 정도는 하나님이 인간을 창조하신 것을 후회하실 정도까지 이르렀습니다. 결국 하나님은 심판을 생각하시기 시작하였습니다.

Q6. 하나님이 후회하실 정도로 사람들의 죄는 심각했는데, 이 모습을 성경은 어떻게 기록하고 있습니까? (창 6:5-6)

Reflect 내 삶에 적용하기

영화 "공공의 적"에서 펀드매니저 조규환(이성재)은 재산을 노리고 어머니와 아버지를 죽인 후에 시신에 밀가루를 뿌립니다. 자신의 죄를 감추기 위한 것이었습니다.

Q7. 영화 "공공의 적"에 나오는 사건과 같은 끔찍한 범죄들이 이 세상에는 너무나 많이 일어납니다. 이유 없는 폭력이나 범죄에 대해 아는 대로 얘기해 보십시오.

Q8. 자기 자신을 돌아봅시다. 죄를 직접 실행하지 않는다면 나는 깨끗합니까? 의롭습니까? 아니면 여전히 죄인입니까?

DO IT 가득한 죄

"여호와께서 사람의 악이 세상에 가득한 것과 그 마음에 품는 생각이 항상 악하기만 한 것을 보셨습니다. 여호와께서 땅에 사람을 만든 것을 후회하시며 마음으로 아파하셨습니다"(우리말성경 / 창 6:5-6)

Q1. 사실 잠깐만 자신을 돌아보더라도 우리 안에 죄의 모습이 얼마나 많은지 금방 발견할 수 있습니다. 어떤 죄들을 지었는지 행동으로 지은 죄들을 한번 이니셜로 적어 보십시오.
(예: "거짓말"이면 ㄱ 혹은 G라고 쓸 수 있습니다.)

Q2. 우리가 짓는 죄는 직접 행동으로만이 아니라 마음에서 나오는 것이 더 많고 끔찍할 수 있습니다. 주님은 그것을 더 경계하셨습니다. 어떤 죄를 품고 마음으로 지었는지 앞에서와 같이 이니셜로 적어 보십시오.

* 주일 예배 말씀 *

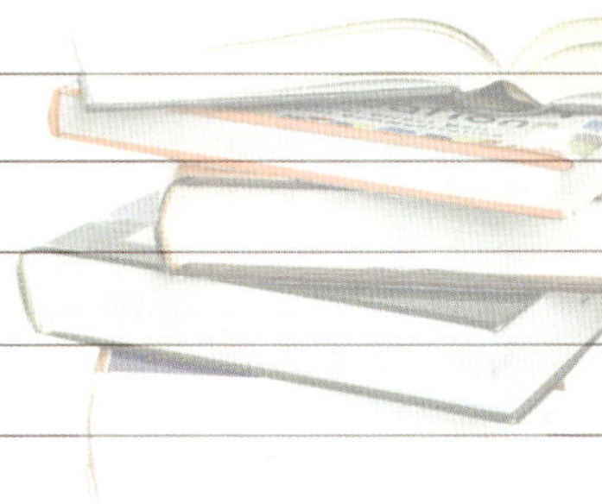

3과 Quiz

Q1. 지난 일주일 동안 몇 번이나 죄를 범한 것 같습니까?

Q2. 난 한 번도 죄를 짓지 않았다고 자신할 수 있습니까?

4 노아 홍수의 비밀

노아의 홍수처럼 대홍수가 있었다는 사실은
세계 곳곳의 전설에서 찾을 수 있습니다.
그 중에서 길가메쉬 서사시가 중요한데, 길가메쉬는 BC 2812년부터 126년 동안 수메르의 우르크를 통치했던 사람으로 그가 쓴 서사시는 현존하는 매우 중요한 점토판 자료입니다. 이 서사시에는 노아의 홍수와 같은 홍수 이야기가 등장합니다. 이외에도 메소포타미아 신화, 아즈텍과 잉카의 홍수전설, 북미 원주민 전설을 비롯하여 전세계 200여 국가와 종족의 고대전설에 홍수 이야기가 등장합니다.

더 놀라운 것은 육지에 있는 호수들 중에 짠 호수가 존재하는 것입니다. 이는 노아의 홍수가 실제로 있었음을 증명합니다. 이스라엘의 사해, 청어가 서식하는 터키동부의 만호(해발 1,700미터), 이란의 우르미아호(해발 1,470미터), 특히 안데스 산맥의 티티카카호(해발 3,800미터)는 넓이가 480km^2 가 되는 짠물 호수입니다.

READY

길가메쉬 서사시

Q1. 현대과학은 이 같은 현상에 대하여 마땅히 설명하지 못합니다.
이것에 대하여 성서는 어떻게 설명합니까?

KNOW

노아의 홍수

open 마음열고 생각하기

노아의 방주는 장이 300규빗(길이 135m), 광이 50규빗(넓이 23m), 고가 30규빗(높이 14m)이나 되는 큰 배였는데, 지금 시대로 말하면 약 14,000t 규모에 높이가 4,5층이나 되는 배였습니다. 어쨌든 간에 하나님의 명령을 받은 노아는 많은 사람들의 조롱과 핍박 속에서도 묵묵히 하나님의 명령을 수행하였습니다.

정말 모두 들어갔을까?

"창세기의 홍수"(Whitcomb, J.C. Jr. & H.M. Morris, 1961. The Genesis Flood. Presbyterian and Reformed Publishing Co., Philadelphia PA)란 책의 조사에 의하면 오늘날 살고 있는 포유류는 3,500종, 조류는 8,600종, 파충류와 양서류는 5,500종 정도로 다 합쳐서 17,600종 정도이다. 이것들을 각 쌍으로 계산하면 방주 안에 35,200마리의 동물을 싣는 것이 가능하다. 그리고 이 동물들의 평균 크기는 거의 양(羊) 크기만 한데, 방주는 125,280마리의 양들을 수용할 수 있는 크기로 실측되므로 실제 수용했던 수보다 3배 이상까지 가능했다고 볼 수 있다.

Dig 말씀으로 살펴보기

노아 홍수 이야기를 공부하면서 던지게 되는 질문 중의 하나가 지구를 전부 잠기게 할 만큼(창 7:19-20)의 물이 어디에서 나왔는가 하는 것입니다. 성경은 이것을 매우 정확하게 설명합니다. 성경을 자세히 읽어보면 하나님께서 궁창, 곧 하늘 위에 물과 하늘 아래 물을 만드셨다고(창 1:6-7) 기록되어 있습니다. 즉 이것은 하늘 위에 물이 있었음을 의미합니다.

Q1. 이런 하나님의 창조에 대하여 시편 104편 6절은 어떻게 설명합니까?

Q2. 홍수가 시작될 때 어디에서 물이 나오는지 시편 말씀과 비교해 보고(창 7:11-12) 그림으로 그려 보십시오.

위의 기록들을 재구성한다면 먼저 "큰 깊음의 샘들이 터지며"(창 7:11), 즉 화산이 터지고, 엄청난 양의 지하수가 터지면서 그 화산재로 인하여 "하늘의 창들이 열려"(창 7:11), 즉 하늘 위의 물들이 땅으로 떨어져 홍수가 시작되었음을 말해줍니다.

"노아 육백세 되던 해 이월 곧 그 달 십칠일이라
그 날에 큰 깊음의 샘들이 터지며
하늘의 창들이 열려 사십 주야를 비가 땅에 쏟아졌더라"(창 7:11-12)

이같이 하늘 위에 물이 있었다는 사실은 매우 중요한 질문을 해결합니다.
즉 노아 홍수를 분기점으로 한 인간의 수명 문제의 해답을 찾을 수 있습니다.

Q3. 노아 홍수 전의 인간의 평균 수명은 얼마나 되었습니까?(창 5:1-32)

Q4. 노아 홍수 이후 인간의 수명은 하나님이 120년(창 6:3)이라고 말씀하신 대로 줄어듭니다. 현저하게 줄어든 수명을 찾아서 적어 보십시오.

사라(창 23:1)

아브라함(창 25:7)

요셉(창 50:22)

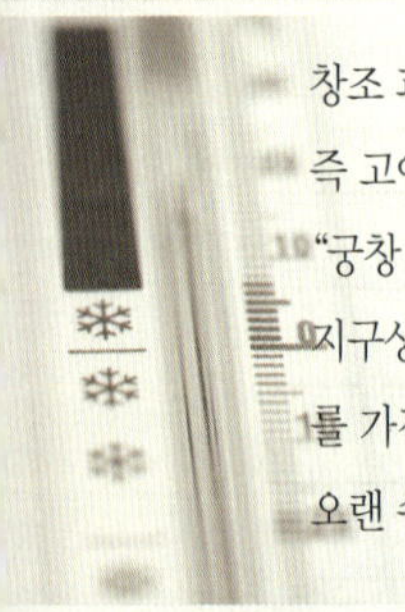

창조 과학자들은 이 같은 현상이 노아의 홍수와 관련있다고 주장합니다. 즉 고에너지를 갖고 인간의 세포를 파괴해 노화현상을 일으키는 X-선과 같은 고주파 방사선을 "궁창 위에 물"이 완전히 차단할 뿐만 아니라 저주파를 흡수하고 산란시킴으로써 지구상에 온실효과를 일으킨다는 것입니다. 이러한 온실효과는 전 지구를 27도 내의 일정한 온도를 가진 따뜻한 아열대 기후로 만들었고, 이로 인해 가장 적절한 생태계가 형성되어 인류는 오랜 수명을 누린 것이라는 설명입니다. (참조/ 창조는 과학적 사실인가, 한국 창조과학회편, 1995)

Reflect 내 삶에 적용하기

방주에 타지 못한 인간들이 모두 죽었다는 기록은 홍수의 비참함을 설명할 뿐만 아니라 너무 지나친 심판은 아닌가 하는 생각이 들게 합니다. 하지만 유대 전승에 의하면 노아는 산속에서 배를 만들며 하루에 세 번씩 종을 쳐서 하나님의 경고를 사람들에게 알렸다고 합니다.

Q5. 문제는 하나님의 경고를 들었음에도 사람들이 자신들의 죄에 빠져서 이것을 간과했다는 데 있습니다. 오랜 시간 동안 방주를 만들었던 것으로 보이는데, 그것은 하나님이 사람들의 뉘우침을 기다리셨다는 것을 의미합니다. 그렇다면 진짜 문제는 홍수입니까? 아니면 하나님의 경고를 듣지 않은 우리입니까?

DO iT 어떻게 살아야 하는가?

노아의 홍수가 역사적 사실이라는 것은 오늘날 우리에게 중요한 의미를 가집니다.
다시 홍수로 멸망되는 경우는 없을지라도 노아의 홍수를 증거로 볼 때 주님께서 심판하실 날,
곧 종말은 반드시 온다고 말할 수밖에 없기 때문입니다.

Q1. 이제 종말이 다가왔다고 가정해 봅시다.
당신은 자신있게 종말을 맞이할 준비가 되어 있습니까?

Q2. 다행히 종말이 언제 올지 모릅니다. 최선을 다해 살 수 있는 날이 아직 남아 있는 것입니다. 앞으로 무엇을 하면서 살고 싶은지 한번 적어 보십시오.

* 주일 예배 말씀 *

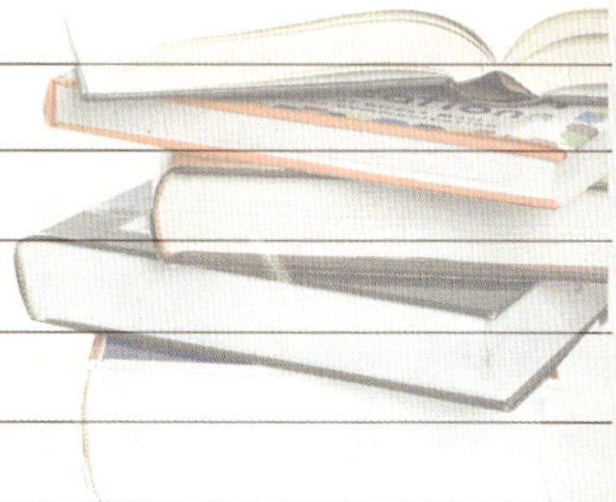

4과 Quiz

Q1. 종말이 온다면 주님 앞에 설 자신이 있습니까?

Q2. 지금까지 한 일 중에 하나님 앞에 자신있게 말할 수 있는 착한 일은 무엇입니까?

5 무지개 연약

시골에서의 삶이 싫어 가출했던 상우 엄마가 도시생활의 아픔을 겪다가 잠시 동안 상우(유승호)를 할머니에게 맡기러 첩첩산중 시골 고향 집으로 내려옵니다. 엄마 손에 이끌려 내려 온 외할머니 집은 정말 힘든 곳이었습니다. 말하지 못하는 외할머니, 입에 맞지 않는 음식, 햄버거에 프라이드 치킨을 먹고 싶은데 어디에서도 구할 수 없었습니다. 할머니 집에 있은 지 며칠 안 되어 그나마 위안이 되었던 오락기 건전지가 수명을 다했습니다. 그래서 새 건전지를 구하고 싶은데 돈이 없습니다. 할 수 없이 상우는 외할머니의 은비녀를 훔쳤지만 건전지를 구할 수 없었습니다. 상우는 할머니가 맘에 들지 않았습니다. 그래서 상우는 할머니 고무신을 숨기거나 요강을 걷어차서 깨뜨립니다. 그리고 수없이 할머니를 '병신'이라고 놀리지만 이상하게도 그때마다 할머니는 마른 나무 같은 손으로 가슴에 원을 만들며 미안하다는 말만 합니다. **사실 할머니가 상우에게 미안할 이유는 없습니다. 그런데 이상하게 할머니는 상우에게 "미안하다"는 말을 반복합니다. 참 이상한 모습입니다.**

READY

미안하다! 미안하다!

Q1. 왜 할머니는 상우에게 미안하다고 말하는 것입니까?

READY 무지개 언약

open 마음열고 생각하기

노아 홍수 심판은 사람들이 스스로 죄를 범함으로 자초한 것이었습니다. 하지만 노아 홍수 이후 하나님은 많이 아파하셨습니다. 하나님은 홍수 같은 심판을 다시는 하지 않겠다고 약속하십니다. 그리고 그 언약의 징표로 무지개를 보여 주십니다.

"내가 너희와 언약을 세우리니 다시는 모든 생물을 홍수로 멸하지 아니할 것이라… 내가 내 무지개를 구름 속에 두었나니 이것이 나의 세상과의 언약의 증거니라"(창 9:11, 13)

Q1. 하나님이 세우신 무지개 언약의 대상은 누구에게까지 해당되는 것입니까?(창 9:11-16)

Q2. 하나님이 세우신 무지개 언약은 언제까지 유효한 언약입니까?(창 9:16)

Dig 말씀으로 살펴보기

하나님의 사랑과 긍휼은 노아를 통해 새로운 인류를 이루게 하신 것으로 나타났지만 여전히 사람들은 하나님을 배반하는 삶을 살아갑니다. 아담과 하와의 죄가 "하나님과 같이 되고자 하는" 것에서 출발했듯이 시간이 지나면서 사람들은 다시 하나님의 위치에 오르고 싶어했습니다. 그래서 그들은 바벨탑을 쌓기 시작했습니다.

Q3. 사람들이 바벨탑을 쌓은 목적은 무엇입니까?(창 11:4)

여기서 재미있는 것은 바벨탑에 관한 것입니다. 역사적으로 바벨탑과 유사한 것으로 여겨지는 사원 누각들이 메소포타미아지역에서 발견되는데, 이 누각들을

지구라트(Ziggurat)

라고 부릅니다. 헬라의 역사가 헤로도투스는 한 개의 지구라트는 7층으로 되어 있다고 설명했는데, 대개의 지구라트는 각 방향으로 거리가 60-90m나 되고 높이는 90m였다고 합니다. 그리고 지구라트의 계단은 색깔이 달라 무지개 빛의 효과를 냈다고 기록하였습니다

바벨이란 뜻에 대하여 고대 사람들은 **하나님의 문**이라고 해석하였습니다. 즉 그들은 바벨탑을 쌓음으로 스스로 하늘과 맞닿을 수 있다고 생각한 것입니다. 이는 하나님의 도움 없이 하나님의 위치에 이르고자 한 것이었습니다.

Q4. 하나님 없이 자신이 하나님이 되어 자기들 마음대로 살려고 하는 사람들을 하나님은 혼란하게(창 11:9) 하셨습니다. 일본 제국주의 시절 일본인들은 자신들을 위하여 양심을 좇지 않고 행동 하였습니다. 사람을 상대로 생체실험을 감행하였고, 정신대를 만들어 성을 강제로 착취하였습니다. 오늘날에도 하나님의 보편적인 양심과 법이 지켜지지 않는 사회나 국가를 생각해 보십시오. 어떤 일이 벌어지겠습니까?

Q5. 어떤 의미에서 오늘 우리도 자신만의 바벨탑을 쌓고 있는지도 모릅니다. 하나님 없이, 곧 양심의 가책 없이 내 마음대로 산다면 이루고 싶은 것이 무엇일까 생각해 보십시오.

Reflect 내 삶에 적용하기

만일 하나님의 무지개 약속이 없었다면 인류는 벌써 멸망했을 것입니다. 하지만 하나님께서는 무지개 언약 때문에 우리가 비록 범죄하고 있고, 땅에 죄가 가득함에도 불구하고 당장 멸망시키지 않으시는 것입니다.

Q6. 혹시 하나님께서 인간의 죄에 대하여 체념하신 것은 아닙니까? 그렇지 않다면 왜 하나님은 참고 계신 것입니까?(딤후 2:10)

DO IT 무지개 원리

하나님이 무지개를 만드신 이유가 우리를 사랑하신다는 표현임을 배웠습니다.
그래서 그런 건지도 모릅니다. 사람들은 무지개를 보면서 긍정적인 생각을 합니다.
그 중에도 차동엽 신부가 쓴 "무지개 원리"에서 일곱 개의
매우 중요한 성공적인 삶의 원리를 제시하는데 자신에게 적용해서 생각해 보십시오.

Q1. 나는 다음 일곱 개 중에 몇 개의 원리를 따라 살려고 노력하고 있습니까?
노력하고 있다면 옆에 O표 하세요.

1. 긍정적으로 생각하라(롬 8:28)
2. 지혜의 씨앗을 뿌려라(시 1:2-3)
3. 꿈을 품어라(욜 3:1)
4. 성취를 믿으라(히 11:1)
5. 말을 다스리라(잠 18:21)
6. 습관을 길들이라(잠 22:6)
7. 절대로 포기하지 말라(갈 6:9)

* 주일 예배 말씀 *

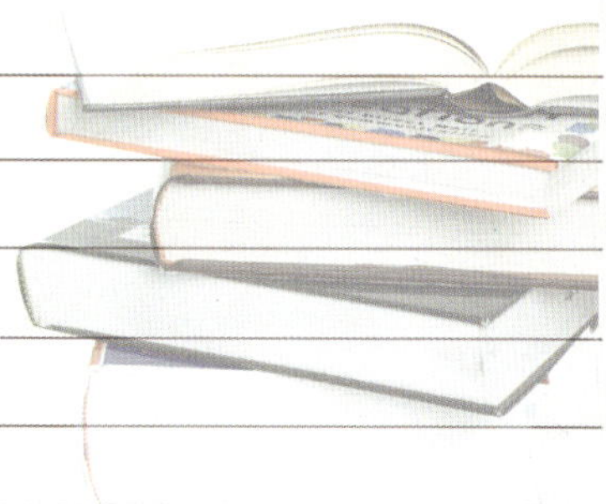

5과 Quiz

Q1. 무지개는 무엇을 상징하는 것입니까?

Q2. 무지개 원리를 다시 한 번 읽어 보십시오.

6 부르심

나의 부르심 나의 영원한 소망 예수님의 형상을 닮는 것
나의 목적 나의 높은 부르심 세상을 뒤로 하고 주 위해 사는 것
덮으소서 주 거룩한 품에 품으소서 이 곳이 나 속한 곳
오 예수 이끄소서 주 얼굴 보기 위해 은밀한 곳으로 내가 나아갑니다

This is my destiny This is my hope eternal To be conformed into the image of love
This is my purpose This is my highest calling
To leave the world behind and live my life for you
Carry me Hide me in the shelter of Your pure embrace
The Place where I belong Oh Jesus, cover me
I come to You for shelter to the secret place Where I live to see Your face

나의 부르심

READY

Q1. 찬양 "나의 부르심"은 다윗의 장막이 만든 곡입니다.
가사를 찬찬히 읽은 후에 "나의 높은 부르심"의 내용이 무엇인지 적어 보십시오.

KNOW

부르심

마음열고 생각하기

아버지와 아들이 있었습니다.

공부하는 아들을 아버지가 부르십니다.

아버지가 아무런 말씀도 하시지 않자

아들이 물었습니다.

Q1. 아무 이유없이 부를 수 있습니다. 하지만 보통 부르심에는 이유가 있습니다. 생각해 보십시오. 보통 아버지나 어머니가 우리를 부르실 때 이유가 있습니다. 그렇지 않습니까?

말씀으로 살펴보기

아담에서 시작하여 가인의 살인, 노아의 홍수, 바벨탑 사건에 이르기까지 인간의 역사는 죄의 역사였습니다. 가만히 두면 끝없이 죄와 멸망을 향해 걸어갈 것이 분명하였습니다. 그래서 하나님은 가만히 계실 수 없었습니다. 그때 하나님이 부르신 사람이 바로 아브라함입니다. 그는 하나님의 구원 계획을 수행할 사람이었습니다.

Q2. 하나님은 아브라함을 부르시고 복을 주십니다. 복의 근원으로 부르십니다.
그렇게 아브라함을 부르신 목적은 무엇입니까?(창 12:3)

Q3. 이스라엘 민족이 애굽(이집트)에 노예로 살고 있을 때 하나님은 모세를 부르십니다.
모세를 부르신 목적은 무엇입니까?(출 3:10)

여기서 눈여겨봐야 할 것은 아브라함이나 모세를 부르실 때 하나님께서 그들에게 주신 복과 권세입니다. 잘 알다시피 모세에게는 엄청난 권세가 있었습니다. 그가 지팡이를 들어 홍해 바다를 내려치면 바다가 갈라졌고 바위를 치면 물이 나왔습니다. 아브라함은 "복의 근원"(창 12:2)으로 부르셨고 상상할 수 없는 권세를 주셨습니다.

Q4. 아브라함에게는 실제로 어떤 권세가 있었습니까?(창 12:3a)

이 같은 복과 권세는 아브라함, 모세만이 아니라 누구에게든지 하나님이 부르실 때 주시는 것들입니다. 그 예는 성경에서 혹은 역사 속에서 수없이 찾을 수 있습니다. 부르심의 힘입니다.

Q5. 그렇다면 왜 하나님은 부르실 때 이 같은 복을 주시는 것입니까?

아브라함과 그 자손 이스라엘에게 복을 주시며 부르신 목적도 온 세상에 복을 유통하기 위함이었습니다. 더욱이 하나님은 이스라엘을 "제사장 나라"(출 19:6)로 부르셨습니다. 제사장의 역할은 하나님과 사람들 사이에 있는 중보자였습니다. 하나님은 이스라엘을 그렇게 쓰고 싶었던 것입니다.

Q6. 하지만 이스라엘은 하나님의 뜻을 어떻게 취급했습니까? 이에 대한 하나님의 반응은 어떠했습니까?(롬 10:19-21)

Reflect 내 삶에 적용하기

Q7. 하나님의 부르심을 따르지 않고 자기 마음대로 살았던 이스라엘을 하나님은 어떻게 대하십니까? 버리셨습니까? 어떻게 생각하십니까?(롬 11:1, 29)

하나님의 은사와 부르심에는 후회하심이 없느니라 (롬 11:29)

DO IT 주님의 부르심

오늘도 하나님은 우리를 부르고 계십니다.

다음 말씀은 이사야를 부르셨던 장면을 기록한 말씀입니다.(사 6:8)

그 때에 내가 주님의 목소리를 들었다. 주께서 말씀하셨다.
"내가 누구를 보낼까? 누가 우리를 위해 갈까?"
내가 말했다. "제가 여기에 있습니다. 저를 보내십시오."
그러자 주께서 말씀하셨다. "가서 이 백성에게 전하여라 ……."(쉬운성경 / 사 6:9)

Q1. 이 말씀을 오늘 우리 상황에 맞춰서 재구성해 봅시다.
당신은 무엇이라고 대답하겠습니까? 자신의 대답을 쓰십시오.

그 때에 내가 주님의 목소리를 들었다. 주께서 말씀하셨다.
"내가 누구를 보낼까? 누가 우리를 위해 갈까?"
내가 말했다.

A: "______________________________"

B: 그러자 주께서 말씀하셨다. "………."

Q2. B "……"에 들어갈, 하나님이 나에게 부탁하실 명령을 나름대로 적어 보십시오.

____

____

____

* 주일 예배 말씀 *

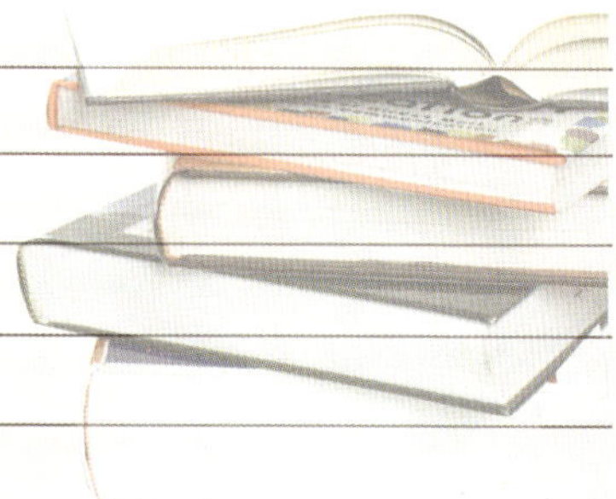

6과 Quiz

Q1. 하나님이 당신을 부르셨음을 믿습니까?

Q2. 무엇을 위해 부르셨다고 생각합니까?

7 비겁자 아브라함

아인슈타인 ·	· 네 살까지 말을 못함
톨스토이 ·	· 청각장애
미국 대통령의 75% ·	· 소아마비
미국 백만장자의 59% ·	· 대학에서 낙제
파스퇴르 ·	· 학교 성적 평균 이하
에이브럼 링컨 ·	· 대학졸업 못함
프랭클린 루즈벨트 ·	· 중풍 반신마비
베토벤 ·	· 절대 가난함

READY

어떠했습니까?

Q1. 위의 인물과 관련된 내용을 서로 연결해 보십시오

Q2. 어린시절의 모습이 반드시 미래를 결정하는 것은 아닙니다.
그렇다면 무엇이 우리의 미래를 결정하는 것입니까?

KNOW

비겁자 아브라함

open 마음열고 생각하기

우리는 하나님이 사람을 찾으실 때 특별한 사람이거나 괜찮은 사람 혹은 좋은 환경에서 자란 사람들을 부르실 것이라고 오해하는 경향이 있습니다.

Q1. 다음의 사람들은 하나님이 쓰셨던 인물들입니다. 그들이 부름받았을 때 어떤 직업을 갖고 있었는지, 그때 나이가 몇 살이었는지, 어떤 신분이었는지 등을 살펴보십시오.

모세(출 7:7)
다윗(삼상 17:33)
느헤미야(느 1:11)
아모스(암 7:14)
베드로(마 4:18)
마태(마 10:3)

Q2. 위의 사람들이 특출한 사람들이었다고 생각합니까?

Dig 말씀으로 살펴보기

아브라함의 아버지 데라는 우르에서 다른 신들을 섬기는 사람이었습니다.(수 24:2-3) 그런데 그런 집안의 아브라함을 하나님이 부르십니다.

Q3. 성경을 자세히 읽어보면 아브라함은 멋있게 하나님의 부르심에 응답하지 못했습니다. 다음 페이지 문장을 채우고, 그 표현이 의미하는 바가 무엇인지 생각해 보십시오.

"옛적에 너희 조상들 곧 아브라함의 아비, 나홀의 아비 데라가
강 저편에 거하여 다른 신들을 섬겼으나
내가 너희 조상 아브라함을 강 저편에서 ______________ 가나안으로 인도하여"(수 24:2-3)

\-

\-

하나님이 아브라함을 쓰신 것은 아브라함이 매우 잘 준비된 멋있는 사람이어서가 아닙니다. 아브라함에 대한 기록들을 읽어보면 하나님의 사람으로 자격 없는 아브라함의 모습을 쉽게 발견할 수 있습니다.

우여곡절 끝에 아브라함이 약속의 땅 가나안에 도착했을 때입니다. 가나안은 기근이 심하였습니다. 그러자 아브라함은 하나님이 약속하신 가나안을 떠나 남쪽 애굽으로 피신합니다. 게다가 애굽 사람들에게 아내 사라와 오누이 사이라고 속이기까지 합니다. 애굽의 바로 왕이 자신의 아름다운 아내 사라를 취하기 위하여 자신을 죽일지도 모른다는 생각에 아브라함은 두려웠던 것입니다.

Q4. 물론 사라는 아브라함의 이복동생(창 12:10)이었습니다. 그렇지만 여기서는 아브라함의 태도가 문제입니다. 본문에서 그 문제점을 찾아보십시오.(창 12:13)

\-

\-

Q5. 아브라함은 더욱 비겁한 모습을 보입니다. 그의 태도는 문제가 심각했습니다. 창세기 12장 16-20절을 읽고 그가 비겁한 이유를 적어 보십시오.

\-

\-

\-

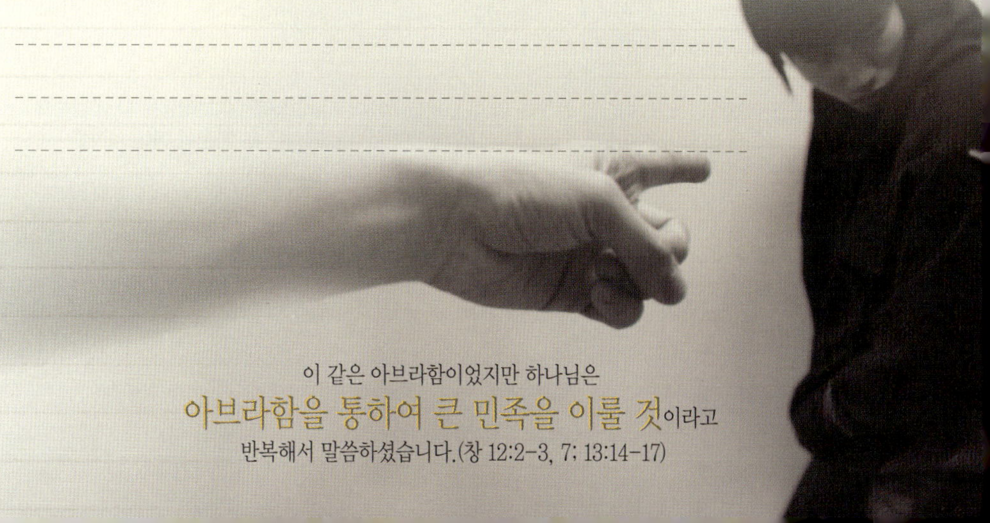

이 같은 아브라함이었지만 하나님은
아브라함을 통하여 큰 민족을 이룰 것이라고
반복해서 말씀하셨습니다.(창 12:2-3, 7; 13:14-17)

Q6. 하나님의 약속에도 불구하고 자녀가 생기지 않자 아브라함은 어떤 행동을 취합니까?(창 15:2)

하나님은 더욱 구체적으로 아브라함의 몸에서 날 자가 아브라함의 후사가 될 것이라고 말씀하셨고, 심지어 하늘의 별들을 보여 주면서 하늘의 별들처럼 많을 것이라고 예까지 드셨습니다.

Q7. 아브라함에게 자녀는 금방 생기지 않았습니다. 하지만 하나님의 약속이었기에 언젠가는 분명히 주실 것이었습니다. 그러나 아브라함은 믿지 못하고 다시 인간적인 방법으로 행동합니다. 아브라함은 어떻게 행동했습니까?(창 16:1-2)

하나님은 아브라함에게 원래 이름인 아브람을 열국의 아비란 뜻의 "아브라함"으로 바꾸시고 분명히 아들을 주시겠다고 확인시키십니다. 이 같은 하나님의 말씀에 웃는 아브라함을 보면서 하나님은 아들의 이름을 "웃음"이라는 뜻인 "이삭"으로 지어주시고 할례까지 행하시므로 분명한 약속을 재확인시켜 주십니다.

Q8. 하지만 아브라함은 또 이상한 행동을 합니다. 무슨 이유인지 모르지만 아브라함은 다시 남쪽으로 이사하여 그랄이라는 곳에 거합니다. 그런데 거기서 아브라함은 또 자신의 아내 사라를 누이라 속입니다. 무엇 때문에 아브라함은 그렇게 한 것입니까?(창 20:11)

Reflect 내 삶에 적용하기

Q9. 더 큰 문제는 아내 사라가 이미 이삭을 임신하고 있었을지도 모른다는 점입니다. 그런데도 아브라함은 이토록 비겁한 행동을 한 것입니다. 이제 처음 질문으로 돌아가겠습니다. 아브라함을 쓰신 것은 아브라함이 멋있고 의로워서입니까?

DO IT 하나님의 벗

아브라함을 사용하신 것은 아브라함이 멋있는 사람이어서가 아닙니다.
하나님이 아브라함을 쓰신 이유는 하나님이 부르셨고 아브라함이 응답했기 때문입니다.
완전하게 준비된 것은 아니었지만
하나님이 아브라함을 멋있게 만드실 계획이 있었기 때문입니다.
결국 하나님은 아브라함을 믿음의 조상으로 세우셨고 멋있게 쓰셨습니다.
하나님의 부르심을 따라 최선을 다한 사람을 하나님이 이끄시고 만드신 것입니다.
나중에 아브라함은 하나님으로부터 "벗"이라는 소리까지 듣습니다.

**"아브라함이 하나님을 믿으니
이것을 의로 여기셨다는 말씀이 응하였고
그는 하나님의 벗이라 칭함을 받았나니"**(약 2:23)

Q1. 미래의 자기 모습을 생각해 보십시오. 하나님은 나를 어떤 사람으로 만드실 계획을 갖고 계신지 기도하면서 적어 보십시오.

* 주일 예배 말씀 *

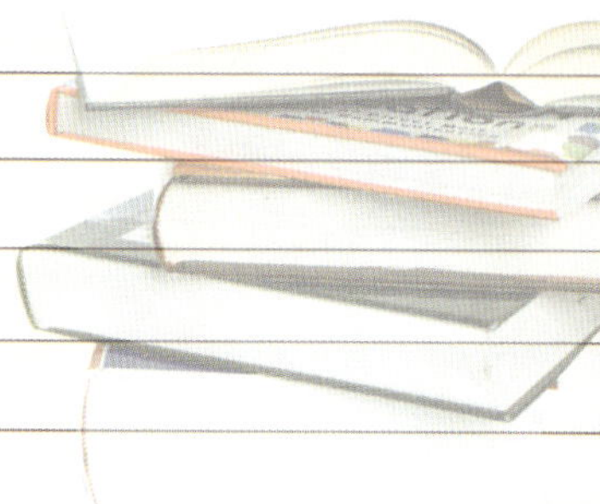

7과 Quiz

Q1. 아브라함은 어떤 사람이었습니까?

Q2. 나중에 아브라함은 어떤 사람이라고 하나님으로부터 칭함 받습니까?

8 약속의 사람들

READY

보상하라!

위 사진은 구한말 때 발행한 채권입니다. 약속입니다.
종이 쪽지에 불과하지만 보상하라는 판결이 내려졌습니다.

왜나하면 국가가 약속한 것이기 때문입니다.

KNOW

약속 때문에

마음열고 생각하기

아브라함과 함께하셨던 하나님은 아들 이삭, 손자 야곱과도 함께하셨습니다.

하지만 아브라함의 아들 이삭 그리고 손자 야곱까지 모두 답답하고 한심한 모습을 보였습니다.

Q1. 아브라함의 아들 이삭도 그 아버지와 똑같이 행동합니다. 브엘라헤로이 근처에 살던 이삭이 흉년이 들자 애굽으로 내려가 그랄 땅에 머물렀습니다.(창 26:1) 그런데 그곳에서 이삭은 아버지 아브라함이 했던 것과 똑같이 자신의 아내 리브가를 누이라고 속입니다. 왜 그렇게 행동한 것입니까?(창 26:7)

Q2. 그렇지만 이상하게 하나님은 이삭에게 복을 주십니다. 심지어 엄청난 부자가 되게 하셨습니다.(창 26:12-13) 무엇 때문인지 창세기 26장 24절 말씀을 읽고 적어 보십시오.

Q3. 이삭의 아들 야곱도 예외가 아니었습니다. 야곱은 허기진 형 에서에게 팥죽으로 큰 아들의 권한을 삽니다. 또 나이 든 아버지 이삭을 속여 장자인 에서에게 돌아갈 축복까지 모두 가로챘습니다. 이 같은 야곱을 이해할 수 있습니까?

Q4. 그렇지만 이상하게 하나님은 야곱을 특별하게 대하셨습니다. 야곱이 에서를 피해 도망갈 때입니다. 하나님이 야곱에게 나타나셨습니다. 벌을 받아도 마땅한 야곱에게 하나님이 나타나신 이유는 무엇입니까?(창 28:13)

Dig 말씀으로 살펴보기

아브라함, 이삭 그리고 야곱에 이르기까지 그들은 모두 멋있는 사람들이 아니었습니다.
그런데도 하나님은 그들을 참으시고 끝까지 믿어 주시고 복을 주셨습니다. 이유는 약속 때문이었습니다.
하나님이 아브라함과 맺은 약속이 계속되고 있었던 것입니다.

"내가 너로 큰 민족을 이루고 네게 복을 주어 네 이름을 창대케 하리니
너는 복의 근원이 될지라
너를 축복하는 자에게는 내가 복을 내리고
너를 저주하는 자에게는 내가 저주하리니
땅의 모든 족속이 너를 인하여 복을 얻을 것이니라"(창 12:2-3)

아브라함과 맺은
약속의 파워는 대단했습니다.
비록 아브라함, 이삭, 야곱이 형편없어도
하나님은 그 약속을 지키셨습니다. 그리고 기대하셨습니다.
아브라함과 그 자손을 통하여 세상 모든 민족이 복을 얻는 것을
계획하시고 기대하셨습니다.
오로지 **약속** 때문이었습니다.

Q5. 그런데 여기 놀라운 사실이 있습니다. 우리의 신분에 관한 것입니다. 특히 아브라함과의 관계입니다. 다음 문장의 빈 칸에 들어갈 단어를 찾아 적으면서 아브라함과의 관계를 생각해 보십시오.

"너희가 다 믿음으로 말미암아 그리스도 예수 안에서 하나님의 아들이 되었으니…
너희가 그리스도께 속한 자면
곧 ______의 자손이요 _____대로 _____을 이을 자니라"(갈 3:26, 29)

놀라운 것은 우리 역시 예수님을 믿을 때 하나님의 자녀가 되었을 뿐만 아니라
아브라함이 누린 모든 복의 약속들을 다 받을 수 있다는 것입니다.
우리도 약속의 자녀이기 때문입니다.

Q6. 우리도 약속의 자녀입니다. 그렇다면 우리도 이삭이나 야곱 혹은 이스라엘처럼 똑같이 복을 누릴 수 있는 것입니다. 하나님이 아브라함에게 약속하신 것의 내용은 무엇입니까?
창세기 12장 2-3절을 직접 쓰면서 생각해 보십시오.

Reflect
내 삶에 적용하기

Q7. 약속의 자녀임에도 불구하고 나는 지금까지 어떻게 살아왔습니까?

DO IT 약속의 확인

우리가 믿음으로 하나님의 자녀가 되었고 아브라함에게 약속한 복이 다 우리의 것이지만 우리가 복을 누리지 못하는 것은 믿음이 부족하기 때문입니다.
그러므로 우리의 문제는 믿음의 문제일 뿐입니다.

Q1. 다음의 문장은 요한복음 1장 12절 말씀과 창세기 12장 3절 말씀을 이어서 적은 것입니다. "너"대신에 자신의 이름을 넣어 아래 여백에 이 문장을 반복해서 적고 동시에 읽는 것으로 기도해 보십시오.

"그 이름을 믿는 자들에게는 하나님의 자녀가 되는 권세를 주셨으니,
땅의 모든 족속이 너를 인하여 복을 얻을 것이니라"(요 1:12; 창 12:3)

Q2. 이 말씀을 쪽지에 적은 후 일주일 이상 들고 다니면서 매일 묵상하고 기도하십시오.

* 주일 예배 말씀 *

8과 Quiz

Q1. 하나님은 왜 아브라함과 그 자손들, 또 우리에게 복을 주시는 것입니까?(창 12:3)

Q2. 하나님의 약속을 믿습니까?

9 약속을 지키시는 하나님

두 아들이 있었습니다. 아들 B는 학교성적이 1등이고 부모님 말씀을 참 잘 듣습니다. 용돈을 받더라도 꼭 필요한 곳에만 사용하고 자기 절제도 참 멋있게 하는 아들이었습니다. 반면에 아들 D는 성적은 늘 꼴찌에 머물고 밤새도록 게임과 동영상을 즐깁니다. 공부를 멀리할 뿐만 아니라 늘 사고를 저지르고 돌아다녀 주변 사람들에게 한심하다는 소리를 듣는 아들이었습니다.

두 아들 READY

Q1. 내가 만일 어머니 혹은 아버지라면 둘 중 누구를 나의 후계자로 삼겠습니까? 너무 뻔한 질문인가요?

KNOW

조건적인 신앙인

마음열고 생각하기

아들 B와 D 중에 누구를 자신의 상속자로 삼았습니까?
우리가 부모라면 무조건 D를 선택해야 합니다.
앞에서 자세히 설명하지 않았지만
아들 B는 아쉽게도 옆집 김씨 아들이었고 아들 D가 내 아들이기 때문입니다.

앞에서 살핀 것처럼 이삭도 그렇고 야곱도 그렇고
하나님은 그들을 절대로 포기하지 않으셨습니다.
왜냐하면 아브라함의 자손, 곧 약속의 자손이었기 때문입니다.

Q1. 생각해 보십시오. 만일 아들 D가 잘못을 범하여 감옥에 갇힌다면 여러분은 부모로서 어떻게 하겠습니까? 그를 버리겠습니까?

말씀으로 살펴보기

야곱은 형 에서와 아버지 이삭을 속인 후 두려웠습니다. 형 에서가 펄펄 뛰며 죽이려하는 것을 알았기 때문입니다. 야곱은 고향을 떠나 삼촌 라반의 집으로 갈 수밖에 없었습니다. 지금 살고 있는 브엘세바에서 삼촌 라반이 있는 하란까지는 460km나 되는 매우 먼 거리였습니다. 사막과 사나운 맹수 그리고 도적 떼를 만날지도 모르는 험난한 길이었습니다. 그런 야곱에게 하나님이 나타나셨습니다. 야곱이 범죄하였지만 하나님은 아브라함과 이삭과 맺은 약속을 그에게도 지키겠다고 말씀하십니다.

"내가 너와 함께 있어 네가 어디로 가든지
너를 지키며 너를 이끌어 이 땅으로 돌아오게 할지라
내가 네게 허락한 것을 다 이루기까지 너를 떠나지 아니하리라" (창 25:15)

Q2. 이 같은 약속을 하시는 하나님을 보면서 어떤 생각이 듭니까?

이 같은 하나님의 약속은 반드시 지켜질 것입니다.
왜냐하면 야곱은 아브라함의 자손이고 약속에 속한 사람이기 때문입니다.
하지만 하나님의 약속 앞에 야곱은 이상한 행동을 취하였습니다.

Q3. 하나님의 약속을 들으면서도 야곱은 온전히 신뢰하지 않았습니다.
그래서 야곱은 더 구체적인 약속을 요청합니다. 주객이 전도된 태도입니다.
야곱이 하나님에게 요청하는 내용은 무엇입니까?(창 25:20-21)

Q4. 특히 21절을 읽다 보면 이상한 문장을 발견할 수 있습니다. 그것은 "…하시오면 여호와께서 나의 하나님이 되실 것이요"라는 문장입니다. 무슨 말입니까?
야곱이 지금 하나님을 믿고 있는 것이 맞습니까?

의심하면서 조건적으로 하나님과 계약하고 있는 야곱을 보면서
우리는 하나님의 위대하심과 인내하심을 깨달을 수 있습니다.
여하튼 하나님은 아브라함과 맺은 약속과 야곱과 다시 맺은 약속을 끝까지 지키십니다.

Q5. 우리는 결국 야곱이 성공하여 가나안 땅으로 돌아온 기사를 읽습니다.
그때 야곱은 하나님과 한 약속을 지킵니다까?(창 33:20; 35:7)

Reflect 내 삶에 적용하기

조건적으로 하나님께 구하였지만 하나님은 야곱의 조건을 다 이루어 주셨습니다. 우리도 야곱처럼 조건적으로 기도할 때가 있을 것입니다. 그때 하나님은 야곱에게 하신 것처럼 우리에게도 동일하게 대하실 것입니다.

Q6. 그렇다면 하나님께서는 왜 그토록 오래 참으시고 기다리시는 것입니까?(벧후 3:8-9)

DO IT 약속을 지켰는가?

가만히 돌아보면 우리는 야곱만 한 신앙도 갖고 있지 못합니다.
그래도 야곱은 약속을 지켰으니 말입니다.

Q1. 자신이 하나님께 약속 혹은 서원한 것들을 적어 보고 과연 지켰는지 점검해 보십시오.
지킨 여부는 O X 로 표시하십시오.

일시	나의 기도 혹은 요청 (…해 주시면?)	나의 서원 혹은 약속	지켰나요?

Q2. 어떤 결과가 나왔습니까? 나는 약속을 잘 지킨 편입니까? 어떤 생각이 듭니까?

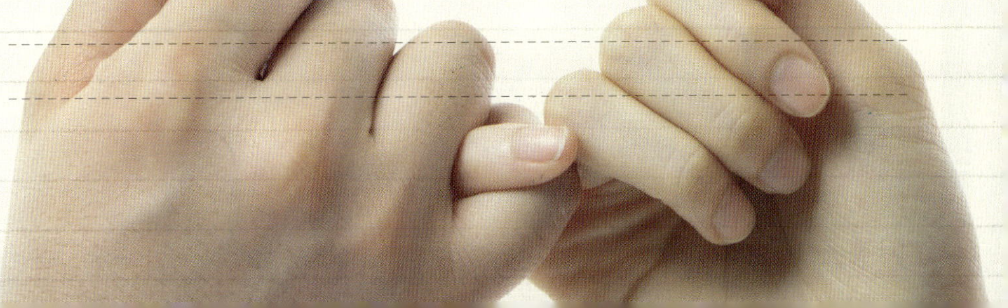

* 주일 예배 말씀 *

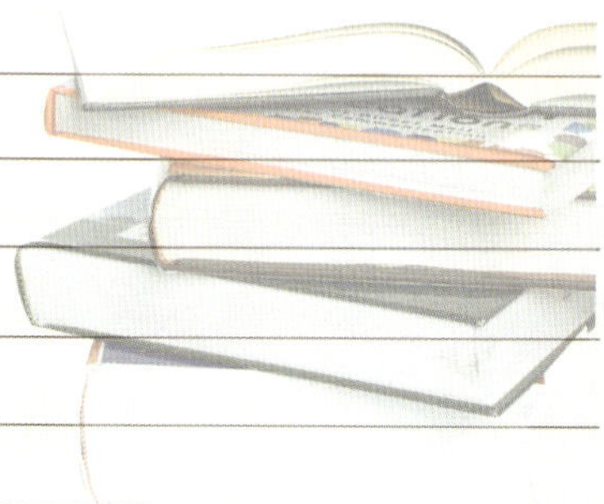

9과 Quiz

Q1. 하나님은 약속을 지키셨습니다. 어떤 느낌이 듭니까?

Q2. 나는 어떻습니까? 하나님과의 약속을 잘 지키는 편입니까?

10 하나님과 겨루어 이기다

아버지와 다섯 살 난 아들이 방에서 씨름을 하고 있습니다.
아들의 공격 앞에 아버지가 맥없이 지고 말았습니다.

READY 아버지와 아들

Q1. 아들이 정말로 이긴 것입니까?

KNOW 거룩한 싸움

open 마음열고 생각하기

야곱은 삼촌 라반의 집에서 20년의 세월을
보내면서 많은 어려움을 당하기도 하였지만
엄청난 거부가 되어 고향으로 돌아옵니다.
하지만 야곱이 온다는 소식을 듣자
형 에서는 400인을 이끌고
야곱을 맞으러 나옵니다.

야곱은 매우 놀랐습니다.
불안하였습니다.
그는 얄팍한 계획을 세웁니다.
우선 형 에서가 공격하면 살아남을 방법을
강구하였습니다.

**"에서가 와서 한 떼를 치면
남은 한 떼는 피하리라"**(창 32:8)

야곱은 이 계획을 좀 더 구체적으로 세웁니다.
만일 형 에서가 완벽하게 공격한다 하더라도
자신의 목숨만은 살리고자 하는 계획이었습니다.

Q1. 야곱이 세운 얄팍한 계획에 따르면 다음과 같은 그림이 나옵니다. 다음의 말씀들을 참고하여 답을 적어 넣고 야곱의 재산과 식구들의 전개도를 완성하십시오.
(창 32:7-8, 13-24; 33:1-2)

예물+종들	한 떼
여종+자식들	두 떼
레아+자식들	두 떼
( ) 창 33:2	두 떼
야곱	

Dig 말씀으로 살펴보기

나름대로 완벽한 계획을 세웠지만 여전히 불안과 공포가 야곱을 엄습했습니다. 야곱은 형 에서를 위한 선물을 먼저 보낸 후 종들과 아내, 자식들을 건너가게 하고 홀로 얍복 강가에 남습니다.

Q2. 야곱은 밤새도록 사람이라고 표현된 이와 씨름을 합니다. 절망 가운데 유일하게 야곱이 할 수 있는 것이었습니다. 그 싸움에서 야곱은 어떤 상처를 입습니까?(창 32:25)

그 싸움은 단순히 어떤 사람과의 싸움이 아니라 하나님과의 싸움이었습니다. 어쩌면 그 싸움은 평생 사기꾼처럼 살아온 자신과의 싸움이었는지도 모릅니다. 야곱은 환도뼈가 탈골되었고, 처절하게 약해졌습니다. 야곱이 싸움에서 진 것입니다.

Q3. 하나님 앞에 자기를 낮춘 채 철저히 자신을 포기한 야곱에게 하나님은 새로운 출발을 하게 하십니다. 하나님은 어떻게 새 출발을 인정하시고 야곱을 세우십니까?(창 32:28-29)

하나님과 겨루어 이김, 그것은 낮아진 순간에 이루어진 결과였습니다.
야곱은 새로운 모습의 사람으로 변했습니다.

Q4. 야곱은 하나님을 만난 후에 담대해졌고 진실로 겸손한 자가 되었습니다.
하나님을 만나기 전에 준비했던 얄팍한 행동을 야곱은 어떻게 바꿉니까?(창 33:1-4)

Q5. 한때는 야곱을 죽이려 하였고(창 27:41) 지금도 그런 마음을 가지고 400인을 이끌고 왔을지 모를 에서와 야곱의 관계는 어떻게 변합니까?(창 33:4-12)

Reflect 내 삶에 적용하기

우리가 사는 동안 야곱처럼 계속 문제가 발생하고 그 문제가 해결되지 않고 있다면 우리는 먼저 하나님과의 관계가 바르게 되었는지 생각해 보아야 합니다.

Q6. 어떻습니까? 나에게도 계속 문제가 발생하고 있지는 않습니까?
하나님과 나의 관계가 바른지를 먼저 생각해 보십시오.

JUST DO IT!

야곱은 에서 만나는 것을 매우 두려워했지만
예상 외로 형 에서는 야곱을 따뜻하게 맞아 주었습니다.

"자기는 그들 앞에서 나아가되 몸을 일곱번 땅에 굽히며 그 형 에서에게 가까이 하니 에서가 달려와서 그를 맞아서 안고 목을 어긋맞기고 그와 입맞추고 피차 우니라"(창 33:3-4)

얍복 강에서 야곱이 자신의 죄를 뉘우치고 하나님과의 관계를 바르게 세우는 순간
모든 것이 해결된 것입니다. 그렇게 야곱이 두려워하던 에서의 행동을 보면 알 수 있습니다.

Q1. 모든 것이 해결되는 시작점은 하나님과의 관계입니다. 나는 어떻습니까? 해결해야 할 죄와 더러움의 문제를 한번 생각해 보십시오. 적극적으로 풀어야 합니다. 그 죄들의 내용을 적고 계속해서 기도하는 시간을 가지십시오.

Q2. 하나님과의 관계를 바르게 세운 것과 함께 야곱이 한 것은 형 에서에게 용서를 구하는 것이었습니다. 우리도 같은 태도를 취해야 할 것입니다. 내가 행한 잘못으로 피해받은 친구 혹은 사람이 있다면 누구이며 어떤 내용이 있는지 적어 보십시오.

Q3. 그 사람에게 문자 혹은 메일이나 편지로 용서를 구하십시오.
만일 보상해야 할 것이 있다면 실천하십시오.

* 주일 예배 말씀 *

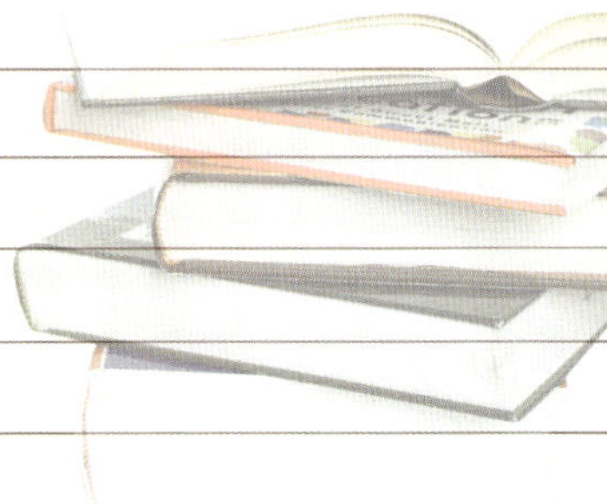

10과 Quiz

Q1. 야곱은 새로워졌습니다. 어떤 관계가 회복되었기 때문입니까?

Q2. 지난 일주일 동안 나는 용서를 구해야 할 사람에게 용서를 구했습니까?

11 하나님 앞에서

* 아래 물음을 읽고 체크합니다.
(전혀 아님 1점, 없지 않음 2점, 가끔 3점, 자주 4점, 항상 있음 5점)

1. 원래 마음먹은 생각보다 더 오랫동안 인터넷을 하게 된 적이 있나요? (1.2.3.4.5)
2. 인터넷 때문에 가족 일을 소홀히 한 적이 있나요? (1.2.3.4.5)
3. 가족과의 관계보다 인터넷에서 더 흥미를 느낀 적이 있나요? (1.2.3.4.5)
4. 인터넷상에서 친구를 만들어 본 적이 있나요? (1.2.3.4.5)
5. 인터넷 하는 것 때문에 잔소리를 들은 적이 있나요? (1.2.3.4.5)
6. 인터넷 사용 때문에 성적이나 학교 생활에 문제가 생긴 적이 있나요? (1.2.3.4.5)
7. 해야 할 다른 일을 하기 전에 먼저 이메일을 점검하고 하나요? (1.2.3.4.5)
8. 인터넷 때문에 잘하던 일을 더 못하게 된 적이 있나요? (1.2.3.4.5)
9. 인터넷을 통해 무엇을 했느냐고 물었을 때 숨기거나 변명을 하며 얼버무린 경험이 있나요? (1.2.3.4.5)
10. 인터넷에 대한 생각으로 인해 현재 고민되는 문제를 잊었던 적이 있나요? (1.2.3.4.5)
11. 인터넷 사용 후 다시 온라인에 접속할 때까지의 기간을 기다린 적이 있나요? (1.2.3.4.5)
12. 인터넷이 없는 생활은 따분하고 공허하며 재미없을 것이라고 두려워한 적이 있나요? (1.2.3.4.5)
13. 온라인에 접속했을 누군가가 방해를 한다면 소리를 지르거나 화를 내거나 귀찮은 듯 행동한 적이 있나요? (1.2.3.4.5)
14. 밤늦게까지 접속해 있느라 잠을 못 잔 적이 있나요? (1.2.3.4.5)
15. 인터넷을 하지 않을 때 인터넷에 정신이 팔려 있거나 다시 온라인에 접속해 있는 듯한 환상을 느낀 적이 있나요? (1.2.3.4.5)
16. 인터넷에 접속해 있을 때 "몇 분만 더"라고 말하며 시간을 허비한 적이 있나요? (1.2.3.4.5)
17. 인터넷 사용 시간을 줄이려고 노력했지만 실패한 적이 있나요? (1.2.3.4.5)
18. 인터넷 사용 시간을 숨기려 한 적이 있나요? (1.2.3.4.5)

(다음 페이지 계속…)

19. 외출하는 것보다 인터넷을 하기 위해 집에 남아 있겠다고 한 적이 있나요? (1.2.3.4.5)

20. 인터넷을 하지 않을 때는 우울하고 침울하며 신경질적이 되었다가 다시 인터넷을 하면 기분이 나아지는 경험을 한 적이 있나요? (1.2.3.4.5)

READY 인터넷 중독 테스트

*테스트 결과 확인

20~39 : 평균적인 게이머 –스스로 자신이 통제할 수 있는 상태이다.

40~69 : 약간의 게임 중독 상태 –게임이 실제 생활에도 약간의 영향을 끼치고 있다.

70~100 : 심각한 상태–게임으로 인해 현재 생활에서 심각한 영향을 받고 있어 주변 사람들의 주의가 필요한 상태이다. (자료 출처 : 인천중앙병원 신경정신과)

*다른 방법으로 인터넷 중독, 음란물 중독 여부를 알기 원하면 "청소년을 위한 내일 여성 센터"의 테스트를 참고하십시오.(www.tacteen.net)

Q1. 나는 어떤 상태로 나왔습니까?

KNOW 코람데오 (하나님 앞에서)

open 마음열고 생각하기

형들의 질투 때문에 노예로 팔려간 요셉은 보디발 장군의 집에 있게 되었습니다. 하지만 요셉은 보디발 장군의 집에서 인정받습니다. 하나님이 요셉과 함께함으로 모든 일이 잘 되었기 때문입니다. 드디어 장군은 요셉을 자신의 모든 재산을 관리하고 운영하는 사람으로 세웁니다.

그러던 어느 날 장군의 아내가 요셉에게 나쁜 마음을 품고 유혹하여 동침할 것을 요청합니다.

하지만 요셉은 거절하였습니다.

Q1. 만일 자신에게 이같이 거절하기 힘든 유혹이 온다면 어떻게 행동할 것 같습니까?

Dig 말씀으로 살펴보기

생각해 보면 노예로서 함부로 거절할 수도 없는 신분이었고
또한 젊은 요셉이 성적인 유혹을 거절하는 것은 매우 힘들었을 것입니다.
하지만 요셉은 단호하게 거절하였습니다.

Q2. 요셉이 거절할 수 있었던 가장 큰 힘은 무엇이었습니까?(창 39:9)

하지만 요셉이 거절하는 것은 쉽지 않았습니다.

왜냐하면 "날마다"(창 39:10) 보디발의 아내가 유혹하였기 때문입니다.

이 말은 내가 스스로 선택했든 선택하지 않았든지 간에 언제나 유혹받을 만한 일이었다는 뜻입니다.

Q3. 지난 한 달 동안 자신에게 왔던 유혹들을 생각해 보고 자신만 알 수 있는 방법으로(예를 들어 이니셜로 쓴다든지) 그 유혹들을 쓰십시오. 그 유혹들을 몇 번이나 거절했는지 적은 후 통계를 내보십시오. 몇 %나 거절했습니까?

또 하나 요셉이 유혹을 물리치고 단호하게 자신의 순결을 지키며 살 수 있었던 것은
요셉 안에 하나님이 주신 꿈이 있었기 때문입니다. 꿈이 요셉을 살린 것입니다.

Q4. 그렇다면 요셉이 하나님으로부터 받은 꿈의 내용은 무엇입니까?(창 37:9)

이 꿈으로 인해 요셉은 형들에게 미움을 사게 되었습니다. 하나님이 요셉에게 주신 꿈이 형들이 볼 때는 자기들보다 더 높아지는 것으로만 해석되었기 때문입니다. 하지만 하나님이 요셉을 통하여 이루려고 하신 꿈은 단순히 세상에서 더 높아지는 권력을 갖는 것이 아니었습니다.

Q5. 하나님이 요셉을 높이 들어 쓰시려고 한 이유는 무엇이었습니까? 즉 요셉이 꾼 하나님이 주신 꿈의 내용은 무엇이었습니까? 형들 앞에서 한 요셉의 고백을 통해 살펴보십시오.(창 50:20)

Q6. 로마서 8장 28절을 쓰십시오. 쓰는 동안 "하나님의 계획을 믿습니다"라고 반복하여 말하면서 기도하십시오.

Reflect

내 삶에 적용하기

Q7. 로마서 8장 28절을 읽고 믿고 동의하면서 기도했다면 암송하고 영어성경으로도 암송해 보십시오.

"We know that God causes all things to work together for good."(NASB)

DO IT

순결선언

날마다 유혹이 있었지만 하나님의 계획을 신뢰함으로 걸어갔던 요셉처럼
하나님의 사람으로 순결을 지키며 살기로 다짐하는 시간을 갖겠습니다.
아래 글을 읽고 동의하면 소리를 내어 읽음으로 선언하고 서명하십시오.

순결선언문

나는 예수 그리스도의 보혈로 깨끗하게 된 하나님의 자녀로
나를 향한 하나님의 계획을 믿으며 날마다 하나님 앞에서 참된 순결을 지키며 살 것을
다음과 같이 다짐합니다.

1. 나는 하나님의 나를 향한 계획을 믿으므로 어떤 유혹이나 환난이 다가와도 믿음을 지키겠습니다.
2. 나는 음란 동영상이나 음란물, 음주, 흡연의 유혹 앞에서 나 자신을 순결하게 지키는 싸움을 계속하겠습니다.
3. 나는 게임을 포함한 각종 인터넷에 빠져 나 자신을 잃지 않도록 최선을 다해 계획한 시간대로 행동하며 내려놓는 생활을 하겠습니다.
4. 나는 언제나 하나님이 내 앞에 계심을 의식하면서 살겠으며 하나님을 향한 마음과 육체의 순결을 지키겠습니다.

20 년 월 일

이름 : (서명)

* 주일 예배 말씀 *

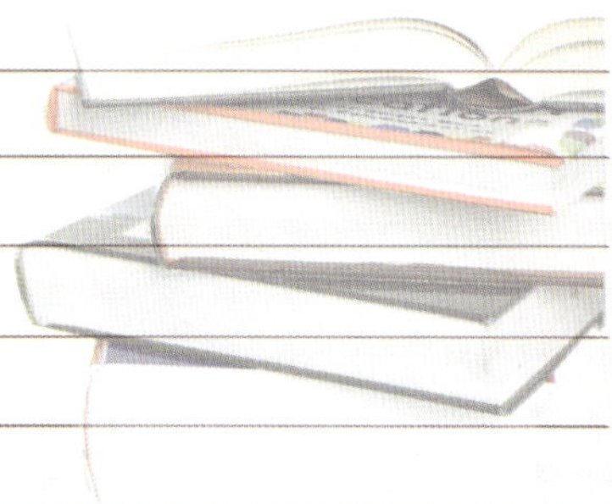

11과 Quiz

Q1. 요셉이 하나님으로부터 받은 꿈의 내용은 무엇입니까?

Q2. 하나님이 나에게 주신 꿈은 무엇인지 생각해 봅시다.

12 하나님의 약속

우리나라에서 외국인이 국무총리나 장관이 될 수 있을까요? 지금까지 없었고 앞으로도 참 힘들 거라고 생각합니다. 그런데 요셉은 외국인으로 애굽의 총리대신, 즉 국무총리가 되어 왕 다음으로 절대권력을 소유하고 통치하였었습니다. **어떻게 그것이 가능했었을까요?**

애굽(이집트)은 나일 강 하류의 비옥한 토지를 중심으로 세계 4대문명 중 하나인 이집트 문명지역으로 지리적 위치가 사막과 바다로 둘러 싸여 있는 천혜의 요새였습니다. 그래서 거의 2,000년 동안 자신의 문화를 간직할 수 있었습니다.

하지만 외국의 통치자라고 불리던 힉소스족(히타이트+후리+셈족)이 비옥한 초승달 지역에 출현하여 시리아, 팔레스틴, 애굽에 이르기까지 영토를 확장합니다. 그리고 그때 애굽을 점령한 힉소스족이 B.C 1720-1570년 경까지 애굽의 15, 16, 17대 왕조를 세웠고, 기존의 수도인 '테베'를 폐하고 고센 지방의 아바리스에 새로운 수도를 세웁니다.

요셉이 애굽에 도착했을 때는 바로 힉소스족이 다스리고 있었던 때였습니다. **외국인을 좋아하는 힉소스족이었기에 요셉이 애굽의 총리대신이 되는 것이 가능**했던 것입니다.

그러나 약 150년 동안 이어졌던 힉소스 시대는 제 18왕조를 열고 신 왕국을 건설한 아모시스에 의해 마감되었고, 1305년 제 19왕조를 창건한 람세스 1세와 후계자 람세스 2세에 이르러서는 애굽인의 강력한 왕국이 세워집니다. 이때에 성서에 나오는 대규모 건설 토목공사가 시작됩니다.(출 1:11)

READY 어떻게 총리대신이 될 수 있었을까?

Q1. 다시 한 번 앞의 세계사를 성경의 역사와 비교하면서 생각해 보십시오.

KNOW 약속을 지키시는 하나님

open 마음열고 생각하기

과거 애굽의 2인자인 총리대신까지 지냈던 요셉의 가족들로 이루어진 이스라엘은 시간이 갈수록 그 인구가 많아졌습니다. 실제로 출애굽할 때 그 인구는 남자 장정만 60만 명 가량(출 12:37) 되었습니다. 그런데 이들은 애굽의 입장에서 볼 때 과거의 침략자 힉소스족이 통치할 당시 권력을 가지고 있었던 사람들입니다.

Q1. 만일 내가 애굽 왕이라면 이처럼 강해진 이스라엘을 보면서 어떤 걱정을 하겠습니까?(출 1:9-10)

Q2. 실제로 애굽 왕이라면 어떤 통치 방법으로 이스라엘을 다스리겠습니까?(출 1:11)

Dig 말씀으로 살펴보기

이스라엘은 애굽에서 430년을 살았습니다. 물론 지금은 고통스러운 상황이지만 과거에는 영화를 누리면서 살았었습니다. 그런데 이스라엘은 하나님의 뜻을 따라서 하나님의 백성으로 살았던 것으로 보이지 않습니다. 그들은 자신들 마음대로 살았던 것으로 보입니다.

그러다가 설명한 것처럼 애굽인이 정권을 되찾게 되자 이스라엘을 견제하기 위하여 이들에게 중노동을 강요하며 노예처럼 억압하게 된 것입니다.

Q3. 이 같은 노예 생활 속에서 이스라엘은 "고통 소리"를 내지릅니다.
그때 하나님은 그 고통 소리에 무엇을 기억하셨습니까?(출 2:24)

Q4. 고통 가운데 있는 이스라엘을 구원하기 위한 하나님의 계획은 무엇이었습니까?(출 3:9-10)

놀랍게도 하나님은 430여 년 전 아브라함, 이삭, 야곱과 했던 약속을 기억하고 계셨습니다.

Q5. 다시 생각해 보십시오. 하나님이 아브라함과 이삭과 야곱과 맺은 약속의 핵심은 무엇입니까?
(아브라함/창 12:1; 이삭/창 26:24; 야곱/창 28:3) 간단히 요약해서 적어 보십시오.

하나님은 아브라함과 이삭과 야곱에게 맺은 약속을 지키시기 위하여 하나님의 사람을 세우셨는데, 그가 바로 모세였습니다. 우리가 여기서 눈여겨보아야 할 것은 하나님의 역사 방법입니다. 모세는 유대인으로서 의식을 가진 젊은이로 자라났습니다. 그는 혈기왕성한 나이였던 40세가 되었을 때(행 7:23) 애굽 왕자의 신분이었지만 이스라엘을 돌아볼 줄 아는 분명한 정체성을 가진 청년이었습니다.

Q6. 애굽의 왕자였지만 모세는 자신을 어떻게 생각하고 있었습니까?(행 7:22-25)

Q7. 하나님은 이때 모세를 사용할 수 있었습니다. 하지만 하나님은 모세를 사용하지 않으셨습니다. 오히려 애굽을 떠나 미디안에서 광야 생활을 40년이나 한 후 80세 노인이 되었을 때 사용하시려고 부르셨습니다. 하나님이 이해됩니까?

Reflect 내 삶에 적용하기

지금까지 공부하면서 매우 중요한 명제들을 보았을 것입니다.
"하나님은 약속을 지키신다." "하나님의 부르심은 외모, 나이, 학력, 신분 혹은 지위와 상관이 없다."
다시 정리하면 이렇게 말할 수 있습니다.

"하.나.님.의.부.르.심.에.는.제.한.이. 없.다!"

Q6. 이 중요한 명제를 읽고 깊이 생각해 보십시오.

DO IT 내가 지킨 약속

하나님은 약속을 지키십니다. 문제는 우리가 약속을 너무 쉽게 어기는 것입니다.
이전에 하나님께 약속했던 것들을 기억나는 대로 10개만 적어 보십시오.

1.
2.
3.
4.
5.
6.
7.
8.
9.
10.

Q1. 하나님께 약속한 것 중에서 지킨 것은 몇 개입니까?

약속을 잘 지키지 못하였다고 너무 실망하지 마십시오. 우리가 잘 지키든 못 지키든 하나님은 우리에 대하여 오래 참으시고 기다리시는 분이십니다. 이제 우리에게 필요한 것은 자신에게 실망하지 않고 끝까지 최선을 다하는 것입니다.

"어떤 이들이 생각하는 것과 같이, 주께서는 약속을 더디 지키시는 것이 아닙니다. 도리어 여러분을 위하여 오래 참으시는 것입니다. 그분은, 아무도 멸망하지 않고, 모두 회개하는 데에 이르기를 바라십니다."(표준새번역 / 벧후 3:9)

* 주일 예배 말씀 *

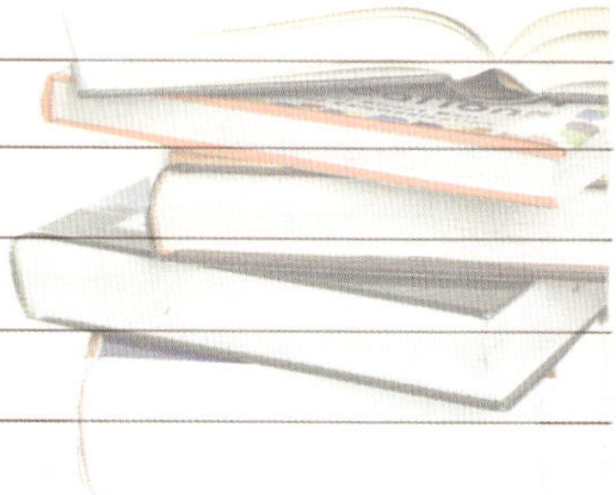

12과 Quiz

Q1. 하나님은 왜 모세를 청년의 때에 사용하지 않으신 것입니까?

Q2. 하나님이 사람을 사용하시는 데 필요한 조건은 무엇입니까?

13 반지가 내게 온 이유

READY

미리 이 질문들을 읽고
영화를 보십시오.

Q1. 반지원정대의 목적은 무엇이었습니까?

Q2. 반지를 폐기하는 역할을 맡은 이는 누구였습니까?

KNOW

막강한 권력을 상징하는 반지들이 있었습니다. 3개는 요정인 엘프 왕들에게 주어졌고, 7개의 반지는 드워프의 군주들에게 주어졌으며 9개의 반지는 인간 종족에게 주어졌습니다. 그런데 또 하나의 반지가 운명의 산에서 어두움의 왕 사우론에 의해서 만들어졌는데, 이 반지는 다른 모든 반지를 다스릴 수 있는 절대 반지였습니다.

그 절대 반지를 소유한 어두움의 군주 사우론은 모든 반지들을 제압하였고 전쟁을 일으켜 모든 종족과 인간족을 물리치고 승리를 눈 앞에 두고 있었습니다. 하지만 그 순간 인간과 엘프 동맹군이 격렬하게 저항하였고 곤도르의 왕 엘렌딜의 아들 이실두르가 사우론의 반지를 낀 손을 베므로 극적인 승리를 거둡니다. 평화가 오게 된 것입니다. 하지만 이실두르가 절대반지를 폐기하지 않고 자신의 권력을 위해 사용하고자 하면서 사우론의 정신이 담긴 절대반지의 위험의 가능성은 남게 됩니다.

이실두르가 반지를 잃은지 약 2500년이 지난 후 스미골의 소유를 거쳐 약 500년이 지났고, 결국은 호빗족 빌보 배긴스에게까지 오게 됩니다. 그런데 어느 날부터 약화되었던 사우론이 활동하기 시작하면서 사우론은 자신의 힘을 극대화시켜 줄 절대반지를 찾았고 절대반지 역시 사우론을 찾고 있었습니다. 만일 사우론이 절대반지를 손에 넣는다면 예전과 같이 자신의 모습을 되찾을 뿐만 아니라 강력한 힘을 행사하게 될 것은 자명한 일이었습니다.

상황이 매우 급박하게 되었습니다. 이제 필요한 것은 사우론이 반지를 찾기 전에 반지가 만들어졌던 운명의 산의 용암 속에서 반지를 폐기하는 일이었습니다. 반지원정대는 그렇게 시작된 것입니다.

그런데 참 이상한 일은 반지를 폐기하는 일에 쓰여진 이가 호빗족인 프로도라는 점입니다. 과거 사우론을 제압하였던 이실두르의 후손인 아라곤도 아니고, 현재 곤도르 왕국 섭정의 아들 보로미르도 아니고, 요정 엘프족의 촉망받는 용사 레골라스도 아니고, 위대한 마법사 간달프도 아니었습니다. 이 일을 위하여 부름 받은 이는 호빗족 프로도였습니다.

Q1. 호빗족에 대하여 아는 대로 설명해 보십시오.

호빗족은 그렇고 그런 족속이었습니다. 용맹한 전사들도 아니었고 지혜로운 사람들도 아니었고 먹고 노는 것을 즐기며 싸우기 싫어하는 작고 보잘것없는 존재들이었습니다. 그런데 갑자기 호빗족 프로도가 반지 운반의 책임을 맡은 것입니다. 프로도가 자신이 하겠다고 말했지만 프로도는 왜 자신이 반지 운반의 책임을 맡아야 하는지를 알지 못합니다. 그는 확신이 없었습니다.

각 종족의 대표로 이루어진 반지원정대가 구성되어 출발하지만 낙관적인 상황은 아니었습니다. 시간이 가면 갈수록 위험은 커져갔고, 사우론의 세력은 백색마법사 사루만이 참여하고 오크를 비롯한 다양한 종족이 사우론의 세력에 합류하면서 더욱 더 막강해져 갑니다. 더욱이 과거 사우론을 제거할 때 인간과 함께 큰 역할을 하였던 엘프족은 중간계를 떠날 것을 결정하였습니다. 이미 전쟁은 사우론이 이길 수밖에 없는 상황으로 전개되고 있었습니다.

더욱이 중요한 것은 시간이 가면 갈수록 반지 운반의 책임을 맡고 있는 프로도의 태도입니다. 그는 자신이 해야 하는 사명에 대해 의심을 갖습니다. 그리고 그 의심은 점점 더 증폭되어갑니다. 너무 힘든 고통과 두려움을 경험하면서 프로도는 더 많은 회의적 질문을 합니다.

"반지가 내게 오지 않았다면… 그리고 이런 일이 안 일어났다면…"

Q2. 그렇다면 왜 프로도에게 이런 일이 벌어진 것입니까? 프로도가 던졌을 법한 다음의 질문에 나름대로 프로도 입장에서 대답해 보십시오. "왜 내게 반지가 온 것인가?"

Q3. 왜 다른 용맹한 이들이 반지 운반자가 되지 못한 것입니까?

사실 이 같은 설정의 이유는 기독교적 세계관에 비춰서 보지 않으면 이해하기 어려운 측면이 있습니다. 기독교 세계관을 바탕으로 반지의 제왕을 쓴 저자 톨킨이 성서적 세계관, 부르심, 소명에 대한 이해를 가지고 접근한 것임에 틀림이 없기 때문입니다. 사실 성경에는 이 같은 주제들이 매우 많습니다.

**모세를 부르신 하나님, 기드온을 부르신 하나님,
그리고 제자들을 부르신 예수님…
어느 것 하나도 세상적 가치기준에서 보면
이해하기 힘든 측면이 있습니다.**

성경에 나타난 부르심에 대한 이야기를 가지고 생각해 보겠습니다. 어느날 예수님은 갈릴리 호숫가에서 그물을 던지고 있던 베드로와 몇 어부들을 부르십니다. 그 부르심은 매우 급작스러운 것이었습니다.

Q4. 마가복음 1장 16-18절을 읽으신 후 대답해 보십시오. 주님이 제자들을 부르셨을 때 제자들은 어떤 반응을 보였습니까?

Q5. 예수님이 제자들을 부르실 때 어떤 인간적인 조건을 보시고 부르셨습니까?
제자들이 돈이 많았습니까? 높은 학력을 갖고 있었습니까? 권력자들이었습니까?

하나님이 우리를 부르시는 데는 어떤 기준이 있는 것입니까? 우리는 부르심을 받은 자들의 대답 속에서 하나님이 보시는 자격 기준의 실마리를 찾을 수 있습니다. 모세는 이렇게 말합니다. **"주여 보낼 만한 자를 보내소서."** (출 4:13) 기드온은 **"주여 내가 무엇으로 이스라엘을 구원하리이까 보소서 나의 집은 므낫세 중에 극히 약하고 나는 내 아비 집에서 제일 작은 자니이다."**(삿 6:15) 바울은 기세등등하던 모습에서 완전히 자신이 사라지는 경험을 하였습니다.(행 9:8) 베드로는 이렇게 말합니다. **"나를 떠나소서 나는 죄인이로소이다."**(눅 5:8)

Q6. 우리는 여기서 매우 분명한 공통점을 발견하게 됩니다. 무엇입니까?

DO IT

반지의 제왕의 저자 톨킨은 성경이 말하고 있는 매우 중요한 교훈, "작은 것이 아름답다.", "약한 것이 강하다."는 진리를 호빗족 프로도 속에 담은 것입니다. 그러니까 팔십세나 된 약한 노인 모세, 비겁한 자 기드온, 살인자 바울, 무기력한 자 베드로까지 그들은 모두 성경에 등장하는 일종의 호빗족이었던 것입니다. 그러니까 톨킨은 우리가 되어야 하는 호빗족, 성경적 용어로 말하면 그리스도인을 그리고 있는 것입니다.

그렇게 보면 베드로는 정말 진정한 호빗족입니다. 그는 어부였지만 목수인 예수의 말을 듣고 고기를 잡으러 갑니다. 밤새도록 고기를 잡지 못하였지만 주님의 말씀에 의지하여 순종합니다.

매우 어리석은 순수함입니다.

호빗족입니다. 그러나 매우 정확하게 자신이 죄인임을 발견하고 예수를 주님이라고 고백할 수 있는 민감함을 갖고 있었습니다.

Q1. 그때 주님이 베드로에게 사명을 주셨습니다.
사명의 내용은 무엇이었습니까?(눅 5:10)

오늘 이 시대에 하나님이 찾고 있는 사람은 호빗족 크리스천입니다. 무엇을 가지고 있고, 무엇을 할 수 있는 사람을 찾고 계신 것이 아니라 무엇이든 스스로 할 수 없다고 고백하는 사람을 찾고 계신 것입니다. 하나님이 필요로 하는 사람은 자신의 힘으로 하나님을 돕겠다고 나서는 사람이 아니라

하나님이 말씀하시는 대로 묵묵히순종할 수 있는 사람입니다.

그때 하나님이 주시는 사명이 분명해질 것입니다.

Q2. 그렇다면 나는 어떤 사람입니까?

Q3. 나에게 사명이 있습니까? 없다면 그 이유는 무엇이겠습니까?
지금 내가 준비해야 할 것은 무엇이라고 생각하십니까?

파워 히스토리 시리즈

- 1권 _ His + Story
- 2권 _ 킹덤 오브 헤븐
- 3권 _ 인간 왕국사
- 4권 _ 예언과 환타지

다음 시리즈를 기대해 주세요!

청 소 년 성 경 공 부 교 재

킹덤 오브 헤븐